C.H.BECK WISSEN
in der Beck'schen Reihe

Diese kulturen- und epochenübergreifende Einführung in Begriff und Geschichte der Gerechtigkeit reicht von der Frühzeit des Menschen bis in das heutige Zeitalter der Globalisierung. Höffes historisch und systematisch kompetente Darlegung behandelt einen zentralen Grundsatz des menschlichen Zusammenlebens.

Otfried Höffe ist o. Professor für Philosophie und Leiter der Forschungsstelle Politische Philosophie an der Universität Tübingen. Er ist Herausgeber der Reihe „Denker" in der beck'schen reihe. Zuletzt ist bei C.H.Beck von ihm erschienen: *Kleine Geschichte der Philosophie* (2001); *Kants Kritik der reinen Vernunft. Die Grundlegung der modernen Philosophie* (2003).

Otfried Höffe

GERECHTIGKEIT

Eine philosophische Einführung

Verlag C. H. Beck

Mit 6 Abbildungen

Die erste Auflage dieses Buches erschien 2001.

2., durchgesehene Auflage. 2004

Originalausgabe
© Verlag C. H. Beck oHG, München 2001
Gesamtherstellung: Druckerei C. H. Beck, Nördlingen
Umschlagentwurf: Uwe Göbel, München
Printed in Germany
ISBN 3 406 44768 6

www.beck.de

Inhalt

I. Ein Erbe der Menschheit 9
  1. Interkulturelle Gemeinsamkeiten 9
  2. Göttlicher Ursprung (Frühzeit) 13
     Ägypten und Mesopotamien 14 – Alt-Israel 16 – Griechenland 17
  3. Ordnung stiften (Platon) 20
  4. Maßgebliche Unterscheidungen (Aristoteles) .. 22

II. Zum Begriff der Gerechtigkeit 26
  1. Die Herausforderung 26
     Knappheit oder Konflikt? 26 – Handlungsfähigkeit 28
  2. Geschuldete Sozialmoral 28
  3. Gerechtigkeit als Tugend 30
  4. Intermezzo: Gerechtigkeit Gottes 33

III. Skepsis gegen die Gerechtigkeit 34
  1. Rechtspositivismus 35
  2. Systemtheoretische Skepsis 37
  3. Utilitarismus als Alternative? 38

IV. Politische Gerechtigkeit oder Naturrecht? 40
  1. Der Gedanke eines Naturrechts 40
  2. Einwände 42
  3. Ein kritisches Naturrecht 43

V. Verfahrensgerechtigkeit 46

VI. Drei Grundsätze........................ 49
  1. „Lebe ehrenhaft" 50
  2. „Tue niemandem Unrecht" 51
  3. „Gewährleiste jedem das Seine" 52

VII. Justiz 53

    1. Gerechtigkeitsprinzipien der Justiz 53
    2. Zur Ergänzung: Billigkeit 58
    3. Gefahr: Richterstaat 59

VIII. Zur Begründung politischer Gerechtigkeit 61

    1. Kooperationsmodell (Aristoteles) 62
    2. Konfliktmodell (Vertragstheorien) 63
    3. Gerechtigkeit als Fairneß (Rawls) 66
    4. Gerechtigkeit als Tausch 68

IX. Mittlere Prinzipien: Menschenrechte 70

    1. Menschenrechte und Grundrechte 70
    2. Ein Blick in die Ideengeschichte 71
    3. Freiheitsrechte, Sozial- und Kulturrechte,
       Mitwirkungsrechte 74

X. Strafgerechtigkeit 78

    1. Strafe definieren 79
    2. Strafe normieren 80
    3. Strafe legitimieren 82
    4. Die Strafe aufheben? 83

XI. Soziale Gerechtigkeit 84

    1. Tauschgerechtigkeit 85
    2. Ausgleichende Gerechtigkeit 87
    3. Gerechtigkeit zwischen den Generationen 89
    4. Gerechtigkeit und Solidarität 91
    5. Gerechtigkeit gegen Tiere? 92

XII. Gerechtigkeit im Pluralismus: Toleranz 94

XIII. Globale Gerechtigkeit 96

    1. Eine föderale Weltrepublik 97
    2. Recht auf Differenz 100

3. Globale Rechtsaufgaben 102
Weltjustiz 102 – Weltbürgerschutz 103 – Globaler Sozial-
und Umweltstaat 104
4. Anamnetische Gerechtigkeit 108
5. Ein Weltrechts- und Weltgerechtigkeitssinn ... 109
6. Eine realistische Vision 111

XIV. **Sonderstrategien** 112
1. Bürgerlicher Ungehorsam 113
2. Humanitäre Intervention 115

XV. **Mehr als Gerechtigkeit:
Gemeinsinn und Freundschaft** 118

Literatur 122
Personenregister 125
Sachregister 126

*Für mannigfache Hilfe danke ich
meinem Mitarbeiter Tim Wagner.*

I. Ein Erbe der Menschheit

1. Interkulturelle Gemeinsamkeiten

Ursprünglich bedeutet Gerechtigkeit lediglich die Übereinstimmung mit dem geltenden Recht. Bis heute heißt die dem Recht dienende Behörde, das Gerichtswesen, Justiz. Ohne die enge Beziehung zum Recht aufzugeben, hat die Gerechtigkeit aber seit langem eine umfassendere und stärker moralische Bedeutung. Sie meint in erster Annäherung sowohl objektiv die inhaltliche Richtigkeit des Rechts als auch subjektiv die Rechtschaffenheit einer Person. Insbesondere als objektive Gerechtigkeit ist sie ein Grundbegriff menschlichen Verlangens: ein Gegenstand menschlicher Sehnsucht und menschlicher Forderung zugleich. Keine Kultur und keine Epoche will auf Gerechtigkeit verzichten. Daß in der Welt Gerechtigkeit herrsche, gehört zu den Leitzielen der Menschheit seit ihrer Frühzeit.

Relativ früh taucht allerdings auch ein (rechts-)ethischer Relativismus auf. Weil man in anderen Ländern andere Gerechtigkeitsvorstellungen sieht, bezweifelt man die Möglichkeit einer kultur- und epochenunabhängigen Gerechtigkeit. In diesem Sinn hält schon der antike Skeptiker Karneades (214–129 v.Chr.) zwei in ihrer Stoßrichtung bewußt widersprüchliche Reden, sowohl eine für als auch eine gegen die Gerechtigkeit. Und Blaise Pascal (1623–1662) stellt spöttisch fest, die Gerechtigkeit werde durch einen Fluß begrenzt, da diesseits und jenseits des Rheines unterschiedliche Gerechtigkeiten herrschten (*Gedanken*, Nr. 294). Häufig erliegt man aber einer perspektivischen Täuschung. Auch Pascal unterscheidet nicht zwischen weniger elementaren Gerechtigkeitsvorstellungen – etwa daß die Erstgeborenen alles erben (*Gedanken*, Nr. 291) – und einem unstrittigen Kern. Auf diese Weise entgeht den Zweiflern, was so gut wie alle Kulturen miteinander teilen: eine schon im empirischen Sinn nicht bloß regional und epochal gültige Gerechtigkeit. Ihretwegen ist Goethe zu widersprechen, wenn er behauptet: „*Gerechtigkeit*: Eigenschaft und Phantom der Deut-

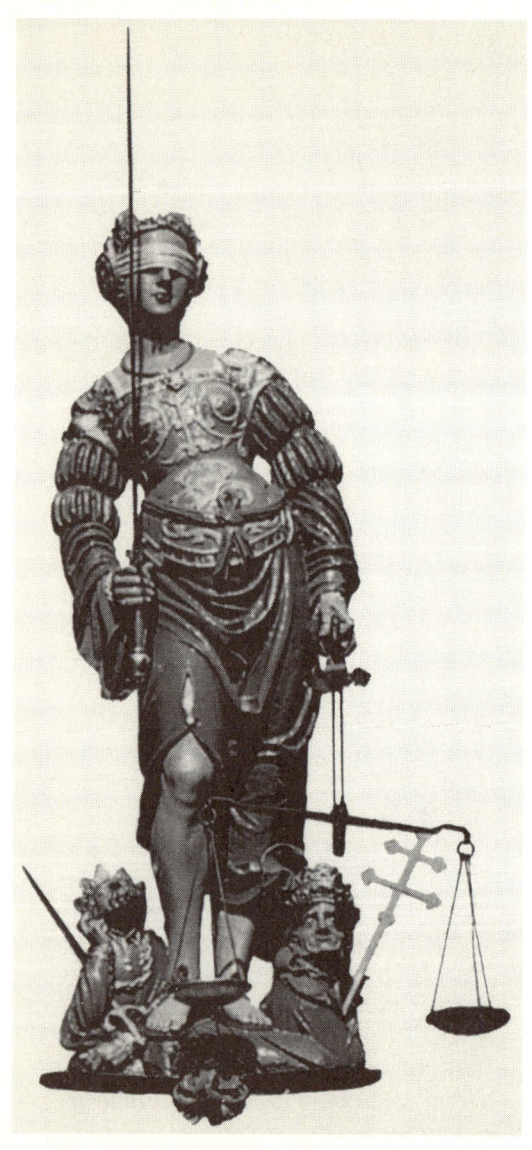

Abb. 1: Berner Gerechtigkeitsbrunnen, Ausschnitt

schen" (*Maximen und Reflexionen*, Nr. 167: *Werke*, Bd. XII, S. 386).

Wegen der kulturen- und epochenübergreifenden, interkulturell anerkannten Gerechtigkeit läßt sich die gesamte Menschheit als eine Gerechtigkeitsgemeinschaft ansprechen. Das den Menschen Gemeinsame setzt beim Gleichheitsgebot an: „Gleiche Fälle sind gleich zu behandeln". Sowohl in seiner negativen Gestalt, als Willkürverbot, als auch in seiner positiven Gestalt, als Gebot der Unparteilichkeit, fordert es, Streitfälle ohne Ansehen der Person zu schlichten. In diesem Sinn stellt die bildende Kunst die elementare Gerechtigkeit, die Göttin Justitia, mit einer Augenbinde dar. Ob Frau oder Mann, reich oder arm, mächtig oder schwach – nach der Unparteilichkeit erster Stufe, der der Regelanwendung, wird jeder nach der entsprechenden Regel gleich behandelt: Alle sind vor dem Gesetze gleich. Für die weitere Aufgabe, jedem das ihm Gebührende genau zuzumessen, hält die Justitia häufig eine Waage in der Hand. Und das Schwert symbolisiert ihre doppelte Aufgabe, sowohl zu schützen als auch zu strafen.

Diese Unparteilichkeit erster Stufe, die der Regelanwendung, genügt allerdings nicht. Sie ist vielmehr um eine Unparteilichkeit zweiter Stufe zu ergänzen, um die der Regelfestsetzung. Dabei ist nicht für alle Lebensbereiche eine einzige Regel zu erwarten. Bei den Grund- und Menschenrechten zählt die Gleichheit: „Jedem nach seinem Wert als Mensch überhaupt". Für die elementare Existenzsicherung drängt sich der Bedürfnisaspekt auf: „Jedem nach seinen Bedürfnissen". In der Arbeits- und Berufswelt kommt es auf das Leistungsprinzip an und in Strafverfahren auf die Schwere der Rechtsverletzung, verbunden mit dem Maß an subjektiver Schuld.

Interkulturell anerkannt sind auch Grundsätze der Verfahrensgerechtigkeit, ferner der Gedanke der Wechselseitigkeit oder Reziprozität, verbunden mit der Goldenen Regel („Was du nicht willst, daß man dir tu', das füg' auch keinem andern zu") und mit jener Gleichwertigkeit im Nehmen und Geben („Tauschgerechtigkeit"), die keineswegs nur für Wirtschaftsbeziehungen gilt. Ebenfalls zum gemeinsamen Gerechtigkeits-

Abb. 2: Kodex Hammurapi, 17. Jh. v. Chr.

erbe gehört der Gedanke einer ausgleichenden („korrektiven") Gerechtigkeit. Im Zivilrecht verlangt er den Ausgleich für erlittene Schäden und im Strafrecht den für ein verschuldetes Unrecht. Ferner werden so gut wie allerorten dieselben Grundrechtsgüter geschützt. Überall werden Mord, Diebstahl und Raub sowie Beleidigungen, ferner Maß-, Gewichts- und Urkundenfälschungen, nicht zuletzt elementare Umweltverstöße, früher beispielsweise Brunnenvergiftungen, geahndet. Einigkeit herrscht schließlich über das Gebot, nur Schuldige zu bestrafen, und das Anschlußgebot, leichtere Verstöße gegen das Strafrecht leichter, schwerere Verstöße schwerer zu bestrafen. Die Gemeinsamkeiten sind also eindrucksvoll groß, so daß die globale Zivilisation, die sich heute entwickelt, ihre interkulturellen Rechtsdiskurse am Begriff der Gerechtigkeit ausrichten kann.

Andere Leitziele hat die Menschheit im Zuge der Aufklärung oder wegen ernüchternder Erfahrungen aufgegeben. Der Gerechtigkeit beläßt sie dagegen das überragende Gewicht bis heute. Selbst einer der schärfsten Kritiker der abendländischen Moral, Friedrich Nietzsche (1844–1900), spendet ihr ein Lob, das kaum größer ausfallen könnte: „wenn sich selbst unter dem Ansturm persönlicher Verletzung, Verhöhnung, Verdächtigung die hohe, klare, ebenso tief als mild blickende Objektivität des gerechten, des *richtenden* Auges nicht trübt, nun, so ist das ein Stück Vollendung und höchster Meisterschaft auf Erden" (*Zur Genealogie der Moral*, 2. Abhandlung, Nr. 11).

2. Göttlicher Ursprung (Frühzeit)

Ein interkultureller Gerechtigkeitsdiskurs gibt sich nicht mit dem gemeinsamen Erbe zufrieden. Er wirft auch einen Blick in andere Kulturen, insbesondere auch in frühe Epochen, für deren Gerechtigkeitsverständnis zweierlei charakteristisch ist: ein weit größerer Bedeutungsumfang und die Idee des göttlichen Ursprungs. In den altorientalischen Hochkulturen beispielsweise bilden Gesichtspunkte sozialer Verbindlichkeit, die später gegeneinander abgesetzt werden, noch eine relativ ungeschiedene Einheit. Sie verbinden nicht bloß die personale Gerechtigkeit, die Rechtschaffenheit, mit der politischen Gerechtigkeit. Nicht erst in Alt-Israel, sondern schon in den älteren Kulturen Ägyptens und – abgeschwächt – Mesopotamiens wird die Gerechtigkeit ebenso wie im archaischen Griechenland religiös begründet. Die Vergöttlichung, die „Divinisierung" bzw. Theologisierung, der Gerechtigkeit ist eine interkulturelle Gemeinsamkeit archaischer Kulturen. Ebenfalls Gemeingut sind die Einheit von Recht und Gerechtigkeit und deren Verbindung mit einer Loyalität zur eigenen Gemeinschaft, mit Solidarität, sowie die Einbindung von Recht und Gerechtigkeit in eine umfassende gesellschaftliche, sogar den gesamten Kosmos einschließende Ordnung.

Ägypten und Mesopotamien. Die ägyptische Gesellschaft ist eine Hierarchie im ursprünglichen Sinn: eine heilige Herrschaft. Denn an der Spitze steht der „Pharao" (Großes Haus) als Inkarnation des Falkengottes Horus („Großer Gott"); und im Rahmen der Sonnenreligion gibt es Ansätze zu einem Monotheismus.

Der Grundbegriff der Sozialmoral, Ma'at, ist nicht nur für die drei Dimensionen der Menschenwelt: Individuum, Gesellschaft und Staat, sondern auch für die vierte Dimension, die Götterwelt, zuständig. Der Begriff läßt sich nicht mit einem einzigen Wort wiedergeben, er ist vielmehr mit „Wahrheit, Gerechtigkeit, Recht, Ordnung, Weisheit, Echtheit, Aufrichtigkeit" zu umschreiben. Ma'at bezieht sich auf Moral und Manieren im menschlichen Zusammenleben, auf die göttliche Gerechtigkeit des Totengerichts, auf die tägliche Überwindung des Chaos durch den kosmosschaffenden Sonnengott und die kosmosschaffende Gesetzgebung seines irdischen Abbilds, des Königs" (Assmann, *Ma'at*, ²1995, S. 9f.).

Die ägyptische „Gerechtigkeit" verbindet die Gerechtigkeit im strengen Sinn: das, was die Menschen einander schulden, mit dem, was sie der göttlichen Ordnung schulden und mit einer wechselseitigen Verantwortung füreinander, mit Solidarität. Zusätzlich ist das Gelingen des eigenen Lebens im Blick. Wer in Übereinstimmung mit Ma'at lebt, ist nicht bloß in einem umfassenden Sinn rechtschaffen bzw. gerecht. Nach dem archaischen Gedanken der Vergeltung: daß das Gute sich lohnt und das Schlechte oder Böse sich rächt, hat der Rechtschaffene in drei Dimensionen Erfolg: im gegenwärtigen Diesseits, sichtbar in einer Beamtenkarriere und der Achtung der Mitmenschen, im Gedächtnis der Nachwelt, sichtbar in einem Monumentalgrab, und schließlich im Jenseits, in das man über das Totengericht, ein Göttertribunal, gelangt.

Nicht zuletzt gehört zu Ma'at ein Moment des angeblich erst jüdisch-christlichen Erbarmens: die Möglichkeit, auf Vergeltung zu verzichten, und die einer umfassenden Befreiung von Not und Bedrängnis: Ma'at verbindet Ordnung, Herrschaft und Rechtschaffenheit mit einer unüberbietbaren Glückseligkeit, mit Heil.

Aus dieser ebenso umfassenden wie noch wenig ausdifferenzierten Bedeutung von Ma'at darf man nicht auf eine im selben Maß undifferenzierte Vorstellungs- und Lebenswelt schließen. Zumindest gibt es zwei verschiedene Gerichtsinstanzen. Das gewöhnliche Gericht ist für einzelne Rechtsverletzungen während des Lebens zuständig, und der „Justizminister" trägt den Titel eines Priesters der Ma'at: Ma'at ist auch die Göttin der Rechtsprechung, das Totengericht dagegen für das gesamte abgelaufene Leben. Dabei wird zwar im Totengericht, aber kaum im gewöhnlichen Gericht alles bestraft, was Ma'at verletzt. Denn in den zwei langen Listen von Unschuldsbeteuerungen, die nach dem ägyptischen *Totenbuch* (Kapitel 125) den Toten beigelegt werden (s. Assmann, *Ma'at*, S. 138 f.), erscheinen nicht nur gerichtsfeste Delikte wie Töten, Stehlen und Betrügen, sondern auch kaum justiziable Vergehen, daß man gestritten und überflüssige Worte gemacht hat oder daß man jemanden belauscht und sich aufgeblasen hat. Da vor dem Totengericht nicht nur justitiable Vergehen zählen, fallen positives Recht und außerrechtliche Moral nicht schlicht ineins. Deren Trennung beginnt also menschheitsgeschichtlich recht früh.

Die aus Mesopotamien stammenden teilweise schon lange vor dem *Kodex Hammurapi* verfaßten „Rechtsbücher" sind für das diesseitige Leben ohne den Ausblick auf ein Totengericht zuständig. Aus neuzeitlicher Sicht erscheinen sie daher als in einem hohen Maß säkularisiert. Die Rechts- und Gerechtigkeitsordnung behält freilich einen göttlichen Ursprung, und der König ist den Göttern verantwortlich. Dabei taucht eine Befugnis auf, die dem klassischen Korrektiv der Gerechtigkeit, der Billigkeit, vorgreift: Die Könige dürfen nicht bloß geltendes Recht erlassen, sondern es auch dort fallweise aufheben, wo seine Anwendung die Armen und wehrlosen, insbesondere die sprichwörtlichen „Witwen und Waisen", vernichten würde.

Alt-Israel: Auch im altisraelischen Verständnis hat „Gerechtigkeit" die zwei noch näher zu bestimmenden Grundbedeutungen. Im objektiven oder politischen Sinn bezeichnet sie normative Leit- und Ordnungsvorstellungen einer guten Gesellschaft und im subjektiven Sinn eine Handlung oder eine Person, die diesen Leitvorstellungen und in Israel zusätzlich einer Fülle von konkreten Verbindlichkeiten folgt.

Ähnlich wie die ägyptische Ma'at-Lehre und wahrscheinlich von ihr beeinflußt, bezeichnen die hebräischen Ausdrücke, die mit „Gerechtigkeit" (*dikaiosynê*, iustitia) übersetzt werden: צֶדֶק und צְדָקָה Sädäq bzw. Sädaqah (SDQH), eine ebenso umfassende wie unabänderliche Lebensordnung.

In dem von Gott, JHWH, an Israel gewährten Bund gegründet besteht Sädäq in der sowohl rechtlichen als auch sittlichen und vor allem religiösen Beziehung zwischen Gott und seinem auserwählten Volk. Als Inbegriff der in der Thora, den fünf Büchern Mose, enthaltenen Gebote gilt die objektive „Gerechtigkeit" als der geoffenbarte Wille Gottes. Und wer diese Ordnung willentlich annimmt, ihre Forderungen tätig erfüllt und auf diese Weise die rechtlich-sittlich-religiöse Gemeinschaft zu bewahren hilft, ist im personalen Sinn gerecht.

Sädäq bedeutet eher „Gemeinschaftstreue" und steht dem Begriff der Solidarität, verstanden als Loyalität zur eigenen Gemeinschaft, näher als dem, was die Menschen einander schulden.

Im biblischen Denken kommt zur politischen und zur personalen „Gerechtigkeit" ein dritter Begriff: die Gerechtigkeit Gottes, hinzu. Sie meint nicht etwas, das Gott den Menschen schuldet, sondern Gottes Bundestreue: seine Zuverlässigkeit in der teils strafenden, teils rettenden Zuwendung zum Volk Israel, so das Alte Testament, oder zu allen Menschen guten Willens, so das Neue Testament.

Weil die mit „Gerechtigkeit" übersetzten biblischen Ausdrücke all das umfassen, was eine heile Existenz des Gläubigen ausmacht: Frieden, Befreiung, Erlösung, Gnade und Heil, gehen sie über den engen und strengen Begriff von Gerechtigkeit weit hinaus. Die mit eingeschlossenen Elemente sind seit den Griechen durchaus bekannt: der Friede (*eirênê, pax*), das Glück im Sinne eines rundum gelungenen Lebens (*eudaimonia, felicitas* bzw. *beatitudo*) sowie dessen Steigerung zum Heil (*makariotês*). Ähnlich wie der ägyptische bringt deshalb auch der hebräische Begriff nicht eine grundverschiedene Auffassung zum Ausdruck. In säkularer Hinsicht muß er vielmehr als recht archaisch gelten, da er die Gerechtigkeit im strengen Verständnis noch relativ undifferenziert mit anderen Begriffen verbindet. Dabei spielt eine dem strengen Begriff fremde Intention hinein: daß die Menschen allein den Zustand der „Gerechtigkeit" nicht herbeizuführen vermögen, sondern ihn als ein Geschenk Gottes, als seine Gnade, empfangen.

Wie der ägyptische Sonnengott Re Recht und Gerechtigkeit spendet, so ist auch der biblische Gott die Quelle von Recht und Gerechtigkeit, für die er aber im Unterschied zu den älteren orientalischen Vorstellungen unmittelbar zuständig ist. Wer unter Nachstellungen und Anfeindungen leidet, wendet sich ohne die Vermittlung eines Königs direkt an Gott (*Psalm 7*).

Anders als im ägyptischen Totengericht kann JHWH die Menschen trotz übergroßer Schuld verschonen (z. B. *Hosea* 11, 8 f.): Der Strafverzicht kommt hier aber nicht einem einzelnen, sondern einem Kollektiv zugute, dem auserwählten Volk Israel. Generell ist Gott nicht bloß der richtende, strafende, sondern auch der rettende, Güte und Erbarmen spendende Gott. Wie der König in Mesopotamien, so schlägt er sich auf die Seite der Armen und Wehrlosen, indem er ihnen zu Recht und Gerechtigkeit verhilft und aus der Gewalt der Frevler, das heißt der das Recht Verletzenden befreit (*Psalm* 82, 3–4). Darunter ist aber weniger soziale Gerechtigkeit oder Sozialstaatlichkeit als vielmehr eine Rechtshilfe im Sinne des Zum-Recht-Verhelfens zu verstehen.

Griechenland. In den ältesten vorphilosophischen Zeugnissen, in den beiden Epen Homers, der *Ilias* und der *Odyssee*, und in Hesiods *Theogonie* („Götterentstehung"), hat die Gerechtigkeit noch eine göttliche Herkunft. Ebenso bilden Recht und Gerechtigkeit eine ununterschiedene Einheit, denn eine einzige Göttin, Themis, ist für sie zuständig. Als Tochter der Allmutter Erde, Gaia, und des Himmelsgottes, Uranos, ist sie noch älter als der spätere Götterkönig Zeus. Darin zeigt sich, daß für Menschen und Götter eine gemeinsame, überdies ewige und unwandelbare Ordnung herrscht. Themis bringt die Ordnung allerdings nicht selbst, sondern mit Hilfe von drei Töchtern auf die Welt, die sie von Zeus empfängt. Die Ordnung wird also vom neuen Götterkönig bestätigt und mit der ihm eigenen Macht versehen. Zugleich tritt in der Mehrzahl der Töchter eine erste Ausdifferenzierung zutage, wodurch das griechische Denken als „moderner", nämlich weniger archaisch erscheint: Dike ist für Sitte, Recht und Rechtsprechung zuständig, Eirene für einen Frieden, der das wirtschaftliche und kulturelle Wohlergehen einschließt, Eunomia für eine gute Rechtsordnung. Auch ein weiterer Unterschied darf als „moderner" gelten: Die Vergeltung, von Dike vorgenommen, bezieht sich klarerweise auf die Leistung der Rechtsprechung, die wiederum nur negativer Natur ist. Rechtsverletzungen werden bestraft, nicht aber Rechtschaffenheit belohnt.

Andererseits ist die griechische Adelskultur insofern archaischer, als im Gegensatz zu Ägypten und Israel nicht nur Gerechtigkeit, sondern ihr sogar vorgeordnete agonale Werte herrschen. Schlüsseltexte von Homer, Hesiod und Aischylos zeigen, daß die Gerechtigkeit sich als zentraler Wert der Sozialmoral erst nach und nach durchsetzt: Wenn im Schlußgesang der *Odyssee* der zurückgekehrte Held die 108 Freier tötet, die seit Jahren sein Vermögen aufzehren, so verstößt er in drei Hinsichten gegen die Gerechtigkeit: Odysseus übt Privatjustiz, statt den Fall einem Gericht zu übergeben. Die Privatjustiz fällt extrem unverhältnismäßig aus: Das Eigentumsdelikt wird mit einen Tötungsdelikt, sogar einer Massentötung beantwortet. Schließlich wird auf der sich ausschließenden Volksversammlung weder an die Götter als Hüter der Gerechtigkeit appelliert noch ist von einer Güterabwägung (Eigentum gegen Leben), einem entschuldbaren Affekt oder einem Notrecht die Rede. Statt dessen verlangt Zeus von den Bewohnern Ithakas, den Massenmord zu „vergessen" und Odysseus als König wieder anzuerkennen, ohne daß ihm irgendeine Strafe oder Sühne aufgebürdet würde.

Gegen das homerische Adelsethos begehrt der Dichter Hesiod auf. Wahrscheinlich unter Rückgriff auf orientalische Weisheitslehren erhebt er die Gerechtigkeit zum zentralen Wert der Sozialmoral, läßt die Götter dafür sorgen, daß es dem Ungerechten schlecht ergeht, (*Erga*, Verse 214–218) und überträgt dem Adel die Aufgabe, sich als Richter für die Gerechtigkeit einzusetzen (Verse 220 ff.).

Mehr als zwei Jahrhunderte später stellt der Tragödiendichter Aischylos die Entstehung einer elementaren Gerechtigkeitsinstitution, des Strafgerichts, dar. In der *Orestie* führt er zunächst den Flächenbrand der Gewalt vor, der sich unter dem archaischen Prinzip der Blutrache ausbreitet: Statt die Blutrache wie etwa in der isländischen Wölsungen-Saga oder im Nibelungenlied erst in einer finalen Katastrophe enden zu lassen, schließt er aber konstruktiv, mit der Einrichtung eines Strafgerichtshofes. Dieser sorgt nicht bloß für den inneren Frieden. Er läßt auch das Gemeinwesen wirtschaftlich und kulturell aufblühen. Darüber hinaus folgt er dem bis heute wichtigsten Prinzip strafprozessualer Gerechtigkeit: der Unschuldsvermutung bzw. der ihr entsprechenden Beweislastregel „im Zweifel für den Angeklagten". Während es gewöhnlich um einen Einzelfall, um Fall-Gerechtigkeit geht, handelt es sich bei Aischylos allerdings um die Unschuld bei der Deliktart, um eine Delikt-Gerechtigkeit. Ob Orest schuldig ist, da er den Mord am Vater mit der Tötung der Mutter rächt, läßt sich nämlich nicht eindeutig entscheiden. Nach dem älteren, matriarchalischen Gesetz darf es keinen Muttermord geben, nach dem neueren Gesetz der Gleichheit verdient auch die Mutter für ihre Anstiftung zum Gattenmord eine hohe Strafe, die mangels öffentlicher Justiz Orest zu vollziehen hat. In dieser Situation einer deliktmäßigen Uneindeutigkeit urteilen genauso viele Richter für und wider Orest, weshalb die

Göttin Athene eingreift und sich in Übereinstimmung mit dem Grundsatz „im Zweifel für den Angeklagten" zugunsten Orests ausspricht.

3. Ordnung stiften (Platon)

Die Griechen entwickeln als erste für die Gerechtigkeit eine Philosophie im strengen Wortsinn. Dafür dürften drei Umstände verantwortlich sein: Statt ein lang anerkannter Wert zu sein, muß sich die Gerechtigkeit erst gegen die aristokratische Moral der agonal verstandenen Ehre durchsetzen. Dabei gibt es, anders als später in Rom, keinen Juristenstand, so daß die Griechen, drittens, ihr philosophisches Verhältnis zur Welt auch auf Recht und Gerechtigkeit ausdehnen.

Einen ersten Höhepunkt erreicht die Philosophie der Gerechtigkeit im ältesten der Gerechtigkeit gewidmeten Werk des Abendlandes, im Dialog *Politeia* („Der Staat"), mit dem Untertitel *Peri dikaiou* („Über das bzw. den Gerechte[n]"). Für Platon (427–347 v.Chr.) ist die Gerechtigkeit ein säkulares Phänomen. Auch wenn er sie gelegentlich „göttlich" nennt, so meint er keine religiöse Verbindlichkeit. An die Stelle des göttlichen Ursprungs tritt ein metaphysisches Element; den letzten Legitimationsgrund bildet die Idee des Guten. Die von Ägypten bekannte hierarchische Ordnung der Gesellschaft bleibt zwar erhalten. An ihrer Spitze steht aber nicht mehr ein Stellvertreter Gottes auf Erden. Der Mensch wird vielmehr auf sich selbst gestellt und übernimmt die volle Verantwortung für die Gerechtigkeit, freilich weder irgendein Mensch noch jeder. An die Stelle eines von Gott berufenen Königs, Priesters oder Propheten tritt ein geistiger Aristokrat: der durch seine theoretische und vor allem moralisch-praktische Kompetenz ausgezeichnete Philosophen-König (*Politeia*, V 473 c-d). Um seine Verantwortung tragen zu können, muß er allerdings selbst gerecht sein. Zu diesem Zweck führt Platon ein gegenüber den altorientalischen Vorstellungen weitgehend neues Element ein: daß der sozialen Hierarchie eine Hierarchie der persönlichen Kräfte, der sogenannten Seelenteile, entspricht und daß für beide Ordnungen, die soziale und die „seelische" Ordnung, die Gerechtigkeit zuständig ist.

Durchaus einleuchtend unterscheidet Platon in der Seele drei Grundkräfte: das Begehren, die Tatkraft und die Vernunft. Ihr entsprechen drei Vortrefflichkeiten bzw. Tugenden: beim Begehren die Besonnenheit, bei der Tatkraft die Tapferkeit und bei der Vernunft die Einsicht bzw. Weisheit. Damit aber jede Grundkraft die ihr eigentümliche Aufgabe erfüllt und die rechte Ordnung in der Seele zustande kommt, braucht es noch eine vierte Tugend: die Gerechtigkeit. Seitdem gehört die Gerechtigkeit zu einem Quartett von Haupttugenden, um die sich alles dreht. Neben der Besonnenheit, Tapferkeit und Weisheit gilt sie als eine der vier Kardinaltugenden (lat. *cardo*: Türangel), wegen ihrer Ordnungsaufgabe sogar als die höchste. Denn ähnlich wie in Ägypten und in Alt-Israel ist auch bei Platon die Gerechtigkeit ein allgemeines Ordnungsprinzip. Dessen Aufgabe reicht sogar noch weiter, ist es doch nicht bloß für die soziale Ordnung, sondern auch für die Ordnung der Seele verantwortlich. Die Gerechtigkeit sorgt dafür, daß jeder Seelenteil die ihm angemessene Funktion erfüllt; sie teilt „jedem das Seine zu", freilich nicht gewisse Güter, sondern Aufgaben- und Tätigkeitsbereiche. Dasselbe trifft auf die Polis zu. Platon weiß durchaus, daß „in einem jeden von uns sich dieselben drei Arten und Handlungsweisen finden", die den drei Seelenkräften entsprechen, nämlich Erwerbskunst, Mut und Wißbegier (*Politeia*, IV 435 e–436 a). Ein Gemeinwesen ist nur dann gerecht, wenn jeder der Aufgabe nachgeht, die seiner vorherrschenden Begabung entspricht. Wer ein starkes Begehren hat und bestenfalls hier zur Tugend, der Besonnenheit, fähig ist, werde Handwerker, Bauer oder Kaufmann. Wer über eine starke Tatkraft und ihre Vortrefflichkeit, die Tapferkeit, verfügt, werde Wächter. Und nur wer in der Vernunft vortrefflich ist, darf und soll Philosophenherrscher werden. Auch hier sorgt die Gerechtigkeit für die richtige Zuordnung und zugleich die richtige Gesamtordnung. Platon erklärt nicht etwa das gerechte Gemeinwesen zur Voraussetzung gerechter Individuen. Er behauptet nicht, daß nur eine gerechte Verfassung und gerechte Institutionen den Menschen erlaubten, ihrerseits gerecht zu sein. Ebensowenig behauptet er, nur wenn alle Individuen gerecht seien, könnte auch das Gemeinwesen es werden. Er vertritt aber die abgeschwächte Gegenbehauptung, daß zwar nicht alle Bürger über Gerechtigkeit verfügen müssen, aber doch ein Teil, die Herrschenden. Platon nimmt sogar eine genaue Entsprechung (Isomorphie) von Bürgern und Gemeinwesen an: Wie ein Individuum nur dadurch gerecht wird, daß die Vernunft in ihm herrscht, so wird es das Gemeinwesen nur dadurch, daß in ihm die von der Vernunft beherrschten Bürger herrschen. Deshalb wiederholt er den Gedanken der Philosophenherrschaft für die individuelle Ebene; er ergänzt die politische Philosophenherrschaft um eine personale Philosophenherrschaft: „Der trefflichste, gerechteste und zugleich glückseligste Mensch ist der, der am meisten königlich gesinnt ist und sich selbst königlich beherrscht" (*Politeia*, IX 580 b–c).

4. Maßgebliche Unterscheidungen (Aristoteles)

Den zweiten Höhepunkt im abendländischen Rechtsdenken bildet die erste veritable Abhandlung über die Gerechtigkeit, das fünfte Buch der *Nikomachischen Ethik*. Aristoteles (384/3–322/1 v.Chr.) setzt hier Platons Säkularisierung der Gerechtigkeit fort. Denn er kommt nicht bloß ohne jede Religion bzw. Theologie, sondern auch ohne Metaphysik aus. Innerhalb des Gerechtigkeitsbegriffs trifft er Unterscheidungen, die sich bis heute als sachgerecht erweisen und sich auf eine nicht vollständige, aber doch weitgehend zureichende Ausdifferenzierung belaufen:

Die Gerechtigkeit als ganze Tugend, von Thomas von Aquin allgemeine Gerechtigkeit (iustitia universalis) genannt, bedeutet für Aristoteles im Blick auf den anderen die vollkommene Tugend, noch glanzvoller als der Abend- und Morgenstern. Sie besteht in der Einstellung, alles, was Gesetz und Sitte fordern, freiwillig zu erfüllen. Die allgemeine Gerechtigkeit meint eine umfassende Rechtschaffenheit. Dazu gehören beispielsweise auch die Werke der Tapferkeit und der Besonnenheit, für die Aristoteles bescheidenerweise aber nur Verbote anführt: Die Tapferkeit verbietet dem Soldaten, seinen Posten zu verlassen; die Besonnenheit verbietet, die Ehe zu brechen und gewalttätig zu werden.

Während die allgemeine Gerechtigkeit den Griechen vertraut ist, dürfte der Gedanke einer Gerechtigkeit als Tugend unter anderen Tugenden, der einer besonderen Gerechtigkeit (iustitia particularis), von Aristoteles entdeckt worden sein. Die besondere Gerechtigkeit bezieht sich auf jene Fragen von Ehre, Geld oder Selbsterhaltung – man darf ergänzen: Macht –, bei denen die Gefahr einer unangemessenen Lust am Gewinn, also Unersättlichkeit, droht. Bei einer Art der besonderen Gerechtigkeit, der Zuteilung von Ehre und Geld (iustitia distributiva), hält Aristoteles Ungleichheit für erlaubt. Bei der Ehre liegt es auf der Hand, da die Menschen sowohl für das Gemeinwesen als auch in Wissenschaft, Kunst oder Sport unterschiedliche Leistungen vollbringen und es beispielsweise unsinnig wäre, einen Trivialroman mit Werken von Dante, Shakespeare oder Goethe gleichzusetzen.

Die andere, ordnende Gerechtigkeit regelt den Austausch. Als Tauschgerechtigkeit (iustitia commutativa) ist sie für den freiwilligen Austausch, den Geschäftsverkehr bzw. das Zivilrecht, zuständig, also für Vorgänge wie Kauf, Verkauf, Darlehen und Bürgschaft. Als wiedergutmachende bzw. korrektive Gerechtigkeit (iustitia correctiva) regelt sie dagegen den unfreiwilligen Austausch im Strafrecht. Aristoteles' Liste von zweimal sieben Delikten beinhaltet ein bemerkenswertes Maß an interkultureller Gültigkeit. Unter die „verborgenen" Delikte fallen Diebstahl, Ehebruch, Giftmischerei, Kuppelei, Abspenstigmachen von Sklaven, Meuchelmord und falsches Zeugnis, unter die „gewaltsamen" dagegen Mißhandlung, Freiheitsberaubung, Tötung, Raub, Verstümmelung, üble Nachrede und Beschimpfung. Während die Verteilungsgerechtigkeit Ungleichheiten zuläßt, herrscht bei der ordnenden Gerechtigkeit die Gleichheit. So kommt es nicht darauf an, ob ein anständiger Mensch einen schlechten beraubt, sondern lediglich, daß er geraubt hat und wie hoch der Schaden ausfällt. Und der Richter gleicht den Schaden insofern durch eine Strafe aus, als er – sagt Aristoteles – den aus dem Delikt gezogenen „Gewinn" wieder wegnimmt.

Die Gesamtheit der soweit genannten Unterscheidungen ordnet Aristoteles dem schlechthin Gerechten zu, worunter er „abstrakte", universal gültige Strukturmerkmale versteht. Er unterscheidet sie vom Gerechten in gewissen institutionellen Zusammenhängen. Deren Anfang macht das politische Gerechte, das hier im strengen, „republikanischen" Sinn zu verstehen ist. Im Gegensatz zu dem sonst vorherrschenden vertikalen Ordnungsgefüge, der hierarchisch gegliederten Herrschaft und Gesellschaft, bedeutet es ein horizontales Ordnungsgefüge: Freie und gleiche Bürger bilden ein Gemeinwesen, in dem sie sich abwechselnd regieren und regieren lassen und dabei dem Gemeinwohl dienen.

Innerhalb des politisch Gerechten nimmt Aristoteles aperçuhaft knapp eine von den Sophisten eingeführte Unterscheidung auf, die das abendländische Rechts- und Gerechtigkeitsdenken nahezu bis heute prägt: die des Natürlichen (*to physikon*) und des Gesetzlichen (*to nomikon*; *Nikomachische Ethik*, V 10, 1134b18–1135a5), später Naturrecht und positives Recht genannt. Während sich das positive Recht der Übereinkunft und Ordnung verdanke, zeichne sich das Naturrecht durch Universalität („es hat überall dieselbe Kraft") und durch Nichtbeliebigkeit aus („es hängt nicht von dieser oder jener Meinung ab").

Was dazu gehört, läßt Aristoteles offen; Beispiele führt er hier nicht an. Man könnte an die Bestimmungen des schlechthin Gerechten denken, insbesondere an die der partikularen Gerechtigkeit, und es dürfte kaum Zweifel bestehen, daß Aristoteles die zwei mal sieben Strafrechtsdelikte zum Naturrecht zählt. Zum Naturrecht in einem weiteren Sinn dürfte man auch die berühmte These zählen, der Mensch sei „von Natur" ein politisches Lebewesen (*Politik*, I 2). Nach der *Rhetorik* (I 13, 1373b9–18) ist es im natürlichen Sinn gerecht, wie Sophokles' Antigone zu handeln und den Bruder Polyneikes trotz des entgegenstehenden Verbotes von König Kreon zu be-

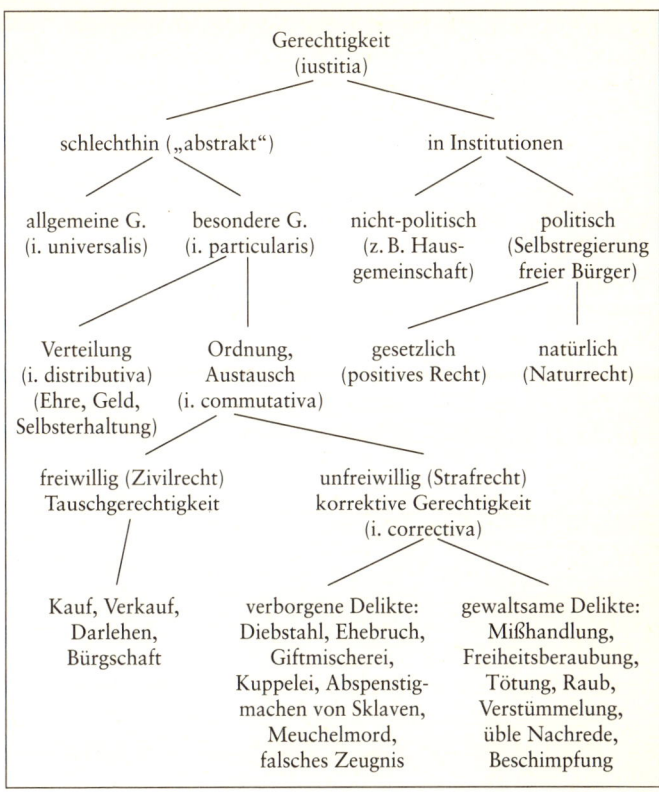

Abb. 3: Aristoteles' Unterscheidungen zur Gerechtigkeit

statten. Bei den Verfassungen erklärt Aristoteles ausdrücklich eine einzige zu der von Natur aus besten, jene Herrschaft, die dem Gemeinwohl dient und von Bürgern getragen wird, die zum Zweck eines tugendgemäßen Lebens sich im Wechsel regieren lassen und selbst regieren (vgl. *Politik*, III 13, 1284 a2 f.)

II. Zum Begriff der Gerechtigkeit

Worin die Gerechtigkeit des näheren besteht, ist sowohl im Alltag als auch in der Philosophie heftig umstritten. Eine gründliche Diskussion bestimmt als erstes den Begriff und unterscheidet für diesen Zweck zwei methodisch grundverschiedene Fragen, einerseits, unter welchen Bedingungen die Gerechtigkeit herausgefordert wird, andererseits, welche der Antworten auf die Herausforderung „Gerechtigkeit" heißt. Dort sind beschreibende (deskriptive) Anwendungsbedingungen, hier die vorschreibenden (präskriptiven) und maßgebenden (normativen) Momente gesucht.

1. Die Herausforderung

Im Rahmen der Anwendungsbedingungen der Gerechtigkeit lassen sich noch objektive von subjektiven Bedingungen unterscheiden, also der Gegenstandsbereich der Gerechtigkeit vom Subjekt, das zu ihr fähig und aufgefordert ist.

Knappheit oder Konflikt: „Nehmen wir an, die Natur habe die Menschen mit einem so reichlichen Überfluß an allen äußerlichen Annehmlichkeiten ausgestattet", daß keine „mühselige Arbeit" nötig ist; „kein Ackerbau; keine Schiffahrt", so „scheint einleuchtend, daß in einem so glücklichen Zustand jede andere soziale Tugend blühen und sich verzehnfachen würde, aber von der vorsichtigen, argwöhnischen Tugend der Gerechtigkeit wäre nicht einmal geträumt worden". Wie für David Hume (*Prinzipien der Moral*, Kap. III: „Über die Gerechtigkeit"), so gehört auch nach anderen liberalen Philosophen die Knappheit zu den Anwendungsbedingungen der Gerechtigkeit. Und indirekt vertritt schon Platon diese Ansicht, insofern er dort, wo die Menschen mit dem Lebensnotwendigen zufrieden sind, noch nicht von Gerechtigkeit spricht. In der Tat ergeben sich viele Gerechtigkeitsaufgaben aus der Begrenztheit natürlicher Ressourcen. Und selbst die wissenschaftlich-technische Zivilisation kann zwar die wirtschaftliche Produktivität steigern, aber das dreiteilige anthropologische „Gesetz der Knappheit" nicht aufheben: (1) daß die letzte Vorgabe aller Wirtschaft, die Erde samt den Tieren, Pflanzen und Materialien, begrenzt ist; (2) daß der Mensch die Vorgaben „im Schweiße seines Angesichtes" verarbeiten muß, was er lieber scheut; und (3) daß eine tendenzielle Unersättlichkeit droht, ein Immer-mehr-wollen, das alles Menschliche – ob Individuum, Gruppe oder Institution – mit ausufernden Begehrlichkeiten bedrängt.

Wo ein Überfluß seitens der Natur herrscht, wird die Gerechtigkeit aber nur weitgehend, nicht vollständig arbeitslos. Denn einerseits gibt es auch eine von der Natur unabhängige Knappheit, da der Mensch nicht bloß dessen bedarf, was die Natur in Fülle liefern könnte (vorausgesetzt, die Unersättlichkeit hält sich in Grenzen): der Güter. Er braucht auch, was nur die Mitmenschen bereitstellen: Dienstleistungen, angefangen mit der Fürsorge, die die Säuglinge benötigen. Andererseits sind nicht alle Gerechtigkeitsaufgaben knappheitsbezogen: weder die Gleichheit vor dem Gesetz noch die dafür zuständige Unparteilichkeit der Justiz und Verwaltung, weder die liberalen Menschenrechte noch die Volkssouveränität oder die Gewaltenteilung. Nicht zuletzt gibt es den Kampf um Anerkennung mit den Begleitaffekten Neid und Eifersucht. Nicht, weil es ihm an Gütern fehlt, tötet Kain seinen Bruder, sondern weil „der Herr auf Abel und seine Opfergabe blickte, aber auf Kain und sein Opfer sah er nicht" (*Genesis* 4, 4–5).

Gefragt ist die Gerechtigkeit im gesamten Bereich der menschlichen Beziehungen, sowohl denen der Kooperation als auch der Konkurrenz, sofern dabei widerstreitende Interessen, Ansprüche und Pflichten auftauchen. Die objektive Anwendungsbedingung besteht im Streit oder Konflikt. Da es ihn sowohl im persönlichen Umgang als auch im Geschäftsverkehr gibt, sowohl in sozialen Institutionen und Systemen, namentlich im Recht und Staat, darüber hinaus zwischen den Staaten, nicht zuletzt im Verhältnis der Generationen zueinander, steht in all diesen Bereichen Gerechtigkeit auf dem Spiel.

Handlungsfähigkeit: Wer angesichts von Konflikten nach Gerechtigkeit verlangt, setzt auf seiten der Subjekte zweierlei voraus: daß die Beziehungen zwischen ihnen unterschiedlich ausfallen können, und daß die jeweilige Gestalt nicht nur von einer äußeren Instanz, etwa von der Natur oder von Systemerfordernissen abhängt. Mindestens teilweise muß die Gestalt handlungsfähigen Wesen, nämlich natürlichen und juristischen Personen, zuzurechnen sein. Gerechtigkeit gibt es weder in der Gesellschaft, insofern sie ausschließlich Systemcharakter hat, noch unter Tieren, sofern deren Verhalten bloß durch natürliche Instinkte bestimmt ist. Eine Gerechtigkeit gegen Tiere kann es aber durchaus geben (s. Abschn. XI.5). Und sollten sich Tiere mit Handlungsfähigkeit entdecken lassen, so wären auch sie der Gerechtigkeit unterworfen: sowohl der Gerechtigkeit untereinander als auch der gegen die Menschen.

2. Geschuldete Sozialmoral

Angesichts der unterschiedlichen Gestaltungsmöglichkeiten nimmt die Gerechtigkeit eine bestimmte Art von Bewertung vor: jene soziale, überdies normative Bewertung, die im Rahmen von drei hierarchisch aufeinander folgenden Stufen zur dritten und schlechthin höchsten, der im strengen Sinn moralischen Stufe gehört.

Auf der ersten in einem weiteren Sinn technischen Stufe werden Mittel, Wege und Verfahren von beliebigen, aber jeweils vorausgesetzten Zielen oder Zwecken her bewertet. Die zugehörenden, teils instrumentalen, teils funktionalen oder strategischen Verbindlichkeiten bedeuten „gut für (irgend-)etwas". Auf der zweiten, pragmatischen Stufe werden die Ziele oder Zwecke, die auf der ersten Stufe nicht normativ thematisiert sind, vom natürlichen Interesse am eigenen Wohlergehen her beurteilt; „gut" bedeutet hier „gut für jemanden". Handelt es sich beim Betreffenden um einen einzelnen, so findet eine individualpragmatische, handelt es sich um eine Gruppe, so findet jene sozialpragmatische Bewertung statt, die der Ethik des Utilitarismus entspricht. Wer schon ihr Prinzip, das maximale und kollektive Gemeinwohl, für den höchsten Bewertungsmaß hält, übersieht, daß etwas gemeinwohlförderlich und trotzdem ungerecht sein kann. Der Utilitarismus ist gegen die „Verteilung" des Gemeinwohls indifferent.

Die dritte, genuin moralische Stufe des Bewertens hebt die Indifferenz auf. Das Gemeinwohl wird nicht mehr bloß kollektiv, sondern in einer Verschärfung der Bedingungen distributiv verstanden. Es genügt nicht, daß etwas lediglich „gut für eine Gruppe insgesamt" ist, es muß auch „für jeden einzelnen gut" sein. Erst damit ist eine Verbindlichkeit erreicht, die sich weder durch andere Verbindlichkeiten außer Kraft setzen noch gegen sie aushandeln läßt: eine unbedingt oder kategorisch gültige, genuin moralische Verbindlichkeit. Mit der Gerechtigkeit wird der Bereich des Sozialen einer Idee des uneingeschränkten Guten unterworfen. So wichtig technische, funktionale und noch mehr pragmatische Verbindlichkeiten, etwa die innere und äußere Sicherheit und das wirtschaftliche Wohlergehen, sind – sie können im Dienst organisierten Bandentums und offensichtlicher Unrechtsstaaten stehen oder aber rechtliche Privilegien und Diskriminierungen enthalten.

Den Gesamtbereich der Moral deckt die Gerechtigkeit aber nicht ab. Schon etwaige Pflichten des Menschen gegen sich fallen heraus. Und im Rahmen der Sozialmoral betrifft die Gerechtigkeit nur einen kleinen, den geschuldeten Teil: die sogenannten Rechtspflichten bzw. die Rechtsmoral. Während man bei Verstößen gegen Tugendpflichten wie Mitleid, Wohltätigkeit und Großzügigkeit, auch Dankbarkeit und die Bereitschaft zu verzeihen, enttäuscht ist, regen sich bei Gerechtigkeitsverstößen Empörung und Protest. Die Anerkennung von Tugendpflichten kann man vom anderen nur erbitten und erhoffen, die der Gerechtigkeit dagegen verlangen. Als geschuldete Sozialmoral hat die Gerechtigkeit den Rang des elementar-höchsten Kriteriums allen Zusammenlebens, während die Wohltätigkeit das optimal-höchste Kriterium bildet und die Solidarität eine Zwischenstellung einnimmt.

Wegen des besonderen Ranges der Gerechtigkeit droht eine Verschiebungsgefahr, die man bewußt einsetzen kann, was auf Mißbrauch hinausläuft: Man erklärt zu einer geschuldeten Grundleistung, was in Wahrheit zum verdienstlichen Mehr gehört. Ohne Zweifel gebietet die Moral, persönlich großzügig und wohltätig zu sein; eine zwangsbefugte Gesellschaftsordnung, ein Staat, ist aber im wesentlichen nur für Gerechtigkeit zuständig. Insbesondere die Mehrleistungen von Mitleid und Wohltätigkeit sind freiwillig zu erbringen, daher nicht zu erzwingen, sondern zu erbitten.

Was aber schulden die Menschen einander? Zweifellos nicht, sich unterdrücken oder ausbeuten zu lassen. Gemäß dem Grundgedanken der Unparteilichkeit und Wechselseitigkeit ist der Gegenstand der Gerechtigkeit, das Zusammenleben, so zu gestalten, daß dessen Vor- und Nachteile sich nicht auf verschiedene Gruppen „verteilen". Vorausgesetzt, daß die Bilanz der Vor- und Nachteile überhaupt positiv ausfällt – andernfalls lebt man besser allein –, darf sie nicht bloß der Gesellschaft als Kollektiv, sie muß auch jedem einzelnen zugute kommen. Das Maß der Gerechtigkeit besteht im distributiven und zugleich kollektiven Vorteil: dem Vorteil für jeden einzelnen und für alle zusammen.

3. Gerechtigkeit als Tugend

Das menschliche Zusammenleben hat zwei Seiten, denen zwei Begriffe der Gerechtigkeit entsprechen. Hinsichtlich sozialer Institutionen und Systeme wie Ehe und Familie, Wirtschaft und Bildungswesen heißt die geschuldete Moral institutionelle oder objektive Gerechtigkeit, im Fall von Recht und Staat auch politische Gerechtigkeit. Im personalen oder subjektiven Verständnis bedeutet sie dagegen jene Rechtschaffenheit, die die Forderungen der institutionellen Gerechtigkeit nicht bloß gelegentlich und aus Angst vor Strafen, sondern freiwillig und beständig, „habituell", erfüllt. Hier ist die Gerechtigkeit ein Charakter- oder Persönlichkeitsmerkmal, eine moralische Tugend, die einerseits nicht von einer persönlichen Zuneigung abhängt und andererseits nicht über das Geschuldete hinausgeht. Dabei gibt es zwei Stufen. Wer nur aufgrund außermoralischer Beweggründe, beispielsweise aus Angst vor Strafe, gerecht handelt, befindet sich erst auf der niedrigeren Stufe, der Grundstufe. Seit Kant spricht man hier von Legalität und meint die Übereinstimmung mit dem, was die Gerechtigkeit oder, allgemeiner, die Moral gebietet. Es geht also nicht um die Übereinstimmung mit dem positiven Gesetz, um die positive, sondern um eine moralische Legalität. Auf der höheren Stufe und Vollendungsstufe, der der Moralität, handelt man nicht bloß gerecht, sondern tut es auch aus einer bestimmten Gesinnung heraus, nämlich schlicht deshalb, weil es gerecht ist. Wer in diesem vollen Sinn gerecht ist, wird auch dann andere nicht übervorteilen, wenn er aus größerer Macht oder Intelligenz dazu imstande wäre. Und als Gesetzgeber, Richter, Lehrer, Elternteil oder Mitbürger wird er sein Tun und Lassen auch dann an der Idee der objektiven Gerechtigkeit ausrichten, wenn das positive Recht und die konventionelle Moral Lücken und Ermessensspielräume lassen oder ihre Durchsetzung höchst unwahrscheinlich ist.

Während die antike Philosophie beide Seiten erörtert, Platon sogar eine Entsprechung von personaler und politischer Gerechtigkeit annimmt, interessiert sich das christliche ebenso wie das islamische und das jüdische Mittelalter weit mehr für die personale Gerechtigkeit, dabei in den sogenannten Fürstenspiegeln vor allem für gerechte Herrscher. Der politische Liberalismus der Neuzeit verläßt sich dagegen lieber auf die Gerechtigkeit der Institutionen und deren Gewaltenteilung. Die verbreitete Annahme, moderne Gesellschaften könnten auf die personale Gerechtigkeit verzichten, ist jedoch falsch. Denn ein gewisses Maß an Gerechtigkeit sowohl auf seiten der Bürger als auch ihrer Amtsträger gehört zu den Funktionsbedingungen der rechtsstaatlichen Demokratie: Amtsträger wie beispielsweise die Parlamentarier bedürfen personaler Gerechtigkeit („Rechtschaffenheit"), weil sie andernfalls im

Widerspruch zu ihrem Amtseid nicht dem ganzen Volk, sondern lediglich den Interessen ihrer Klientel dienen und zu dem beitragen, was die kritische Demokratietheorie von Platon (*Politeia*, VIII 555b ff.) und Aristoteles (*Politik*, IV 4, 1290b1f.) bis John Stuart Mill (*Über die Freiheit*, Abschn. 4) befürchtet, zu einer Tyrannis der Mehrheit. Auch bei Richtern und Verwaltungsbeamten, sogar Medienschaffenden als Inbegriff der vierten Gewalt ist zwar keine umfassende, aber eine auf ihren Aufgabenbereich bezogene personale Gerechtigkeit unabdingbar. Wenn es wenigen daran mangelt, kann es durch die vielen anderen zurechtgerückt werden. Wo es aber zur Regel wird, wo beispielsweise „systematisch" Richter sich mit Ankläger und Verteidiger auf eine „abgekartete Sache" einlassen, wird die jeweilige Aufgabe pervertiert.

Auf der anderen Seite müssen Bürger über personale Gerechtigkeit verfügen, damit sie in der Regel die Forderungen der institutionellen Gerechtigkeit freiwillig und beständig erfüllen und einem Überhandnehmen der Staatsgewalt entgegengearbeitet wird. Bei vitaler Ungerechtigkeit empören sich rechtschaffene Bürger und protestieren, wo erforderlich üben sie sogar bürgerlichen Ungehorsam (s. Abschn. XIV.1): Die personale Gerechtigkeit widersetzt sich dem Abgleiten einer Rechtsordnung in einen „Unrechtsstaat".

Wer sich nur dort empört, wo er selbst einer Ungerechtigkeit zum Opfer fällt, verharrt auf der selbstbezogenen „egoistischen" Vorstufe. Erst wer sich über Ungerechtigkeit gegen andere empört, verfügt über die eigentliche, fremdbezogene, „altruistische" Gerechtigkeit. Wer sie nur gegen Freunde oder Mitglieder der eigenen Gruppe übt, ist aber nur in einem schwachen Sinn altruistisch gerecht. In einem stärkeren Sinne ist es derjenige, der sich über Ungerechtigkeit auch gegen Wildfremde empört. Und die Vollendung erreicht, wer ein Unrecht gegen andere für nicht geringer hält als ein Unrecht gegen sich und seine Freunde. Dann wird er auf keinen Fall selbst Unrecht tun, auch dort nicht, wo er zum Opfer fremden Unrechts werden sollte. Das Muster für diese Einstellung ist Sokrates, wie er vor allem in Platons Dialog *Kriton* erscheint.

Seine berühmte Maxime „Lieber Unrecht erleiden, als Unrecht tun" widerspricht dem altgriechischen Adelsethos auf provokative Weise; denn dort war es nur Sache der Sklaven, Unrecht zu erleiden. Zugleich wird die Empörung über Ungerechtigkeit in der Welt relativiert, denn wichtiger ist die eigene Gerechtigkeit, die personale Gerechtigkeit als unverzichtbarer Teil der moralischen Integrität.

Nach dem Sophisten Thrasymachos ist der Gerechte überall schlechter dran als der Ungerechte (Platon, *Politeia*, I 343 d). Denn ihm fehle es an Reichtum, an Macht, selbst an öffentlicher Anerkennung. Sokrates weist diese Ansicht entschieden zurück. Auf die Frage, was die Gerechtigkeit nütze, antwortet er nicht, sie diene nur „dem anderen", sondern, sie diene auch dem Gerechten selbst. Denn nur gerechte Menschen leben in wechselseitigem Vertrauen miteinander, überdies, da sie Unrecht lieber erleiden als verüben, sowohl in Selbstachtung als auch in Achtung derer, an denen ihnen liegt. Ungerechte Menschen hingegen befinden sich nicht bloß in Zwietracht mit anderen; als Sklaven ihrer widerstreitenden Begierden liegen sie auch in Zwietracht mit sich selbst. Ohne Freundschaft, ohne Weltvertrauen und ohne Selbstachtung führen sie eine elende Existenz, nur die Gerechten dagegen ein rundum lebenswertes Leben (*Politeia*, IX 575 e–576 a).

4. Intermezzo: Gerechtigkeit Gottes

Für die Gerechtigkeit Gottes sind Religionen und ihre Theologen zuständig. Der Philosoph darf sich mit einer interkulturellen Geschichte begnügen. Sie stammt aus dem Orient, aus der Märchensammlung *Tausendundeine Nacht*, und wird von Friedrich Dürrenmatt (*Monstervortrag*, 1969, S. 11 f.) nacherzählt: „Der Prophet Mohammed sitzt in einer einsamen Gegend auf einem Hügel. Am Fuße des Hügels befindet sich eine Quelle. Ein Reiter kommt. Während der Reiter sein Pferd tränkt, fällt ihm ein Geldbeutel aus dem Sattel. Der Reiter entfernt sich, ohne den Verlust des Geldbeutels zu bemerken.

Ein zweiter Reiter kommt, findet den Geldbeutel und reitet damit davon. Ein dritter Reiter kommt und tränkt sein Pferd an der Quelle. Der erste Reiter hat inzwischen den Verlust des Geldbeutels bemerkt und kehrt zurück. Er glaubt, der dritte Reiter habe ihm das Geld gestohlen, es kommt zum Streit. Der erste Reiter tötet den dritten Reiter, stutzt, wie er keinen Geldbeutel findet, und macht sich aus dem Staube. Der Prophet auf dem Hügel ist verzweifelt. Allah, ruft er aus, die Welt ist ungerecht. Ein Dieb kommt ungestraft davon, und ein Unschuldiger wird erschlagen! Allah, sonst schweigend, antwortet: Du Narr! Was verstehst du von meiner Gerechtigkeit! Der erste Reiter hatte das Geld, das er verlor, dem Vater des zweiten Reiters gestohlen. Der zweite Reiter nahm zu sich, was ihm schon gehörte. Der dritte Reiter hatte die Frau des ersten Reiters vergewaltigt. Der erste Reiter, indem er den dritten Reiter erschlug, rächte seine Frau. Dann schweigt Allah wieder. Der Prophet, nachdem er die Stimme Allahs vernommen hat, lobt dessen Gerechtigkeit."

III. Skepsis gegen die Gerechtigkeit

Zwei Elemente des Gerechtigkeitsbegriffs verdienen eine besondere Beachtung: (1) Als höchster Anspruch an das menschliche Zusammenleben und als letzter Grund der Rechtfertigung eines Gemeinwesens hat die Gerechtigkeit eine moralische und zugleich universale Bedeutung. (2) Ihr Maß besteht nicht in einem einseitigen Geschenk, selbst wenn es dem kollektiven Wohlergehen dienen sollte. Weil zum Kern der Gerechtigkeit die Wechselseitigkeit gehört, darf die entsprechende Regel oder Institution nicht bloß dem Kollektiv zugute kommen, sondern muß für jeden einzelnen vorteilhaft sein. Beide Elemente sind freilich auf Widerspruch gestoßen (vgl. Höffe, *Politische Gerechtigkeit*, 1987, Teil I): An der allgemeinen Verbindlichkeit zweifeln außer dem (rechts-)ethischen Relativismus (s. Abschn. I.1) auch der Rechtspositivismus und die soziologische Systemtheorie. Und gegen die Relativierung des Kollektivwohls wendet sich der Utilitarismus.

1. Rechtspositivismus

In einer bescheidenen Form erhebt der Rechtspositivismus noch keinen Einspruch gegen den Standpunkt der Gerechtigkeit. Er behauptet lediglich, die Rechtswissenschaft als eine autonome, insbesondere von Politik und Philosophie unabhängige Wissenschaft zu etablieren, setzt das positiv geltende vom moralisch gebotenen Recht begrifflich ab. Gerechtigkeitskritisch ist erst jener radikale Rechtspositivismus, der das positive Recht insgesamt und vollständig ohne irgendein Element von Moral und Gerechtigkeit bestimmen will. Dem stellt ein bescheidener Rechtsmoralismus die Frage entgegen: „Setzt man die Gerechtigkeit beiseite, was sind dann Königreiche anderes als große Räuberbanden?" (Augustinus, *Vom Gottesstaat*, IV 4). Einem radikalen Rechtspositivismus bereitet die Behauptung des Rechts- und Staatsphilosophen Thomas Hobbes (1588–1679) den Weg vor: „nicht die Wahrheit, sondern eine Autorität macht ein Gesetz" (*Leviathan*, Kap. 26, lat. Fassung). Sie leistet nämlich der Imperativentheorie Vorschub, derzufolge Rechtsnormen Befehle sind, die von einer überlegenen Macht ausgehen, für eine Mißachtung ihrer Befehle Übel androhen und deshalb gewohnheitsmäßigen Gehorsam finden. Weil in diesem „naiven Positivismus" das Recht als eine Machtordnung ohne Befugnisse erscheint, unterscheidet es sich in der Tat schon rein begrifflich nicht von organisierter krimineller Gewalt („großen Räuberbanden"). Demgegenüber entwickeln der österreichische Rechtsphilosoph und Verfassungsrechtler Hans Kelsen (1881–1973) und der britische Rechtsphilosoph Herbert L. A. Hart (1907–1993) einen „reflektierten Positivismus". Nach Kelsen besteht das Recht in einer Hierarchie von Ermächtigungen, die letztlich durch eine Grundnorm autorisiert wird. Und nach Hart besteht das Recht in einem Regelwerk, das die empirische Anerkennung der Betroffenen findet. Auch auf diese Weise läßt sich die

Rechtsordnung aber noch nicht gegen organisierte Kriminalität hinreichend absetzen.

Allzu nah bei bloßer Gewalt, ist das Recht in der Imperativentheorie ein mittels Übelandrohung bewerkstelligtes Müssen. Bei Kelsen wird es sachgerechter zu einem autorisierten Sollen, wobei aber die Spitze der Autorisierung, die Grundnorm, ein allzu formaler Verlegenheitsvorschlag bleibt. Und bei Hart gründet das Recht in einem freien Wollen, das zwei Fragen offen läßt: zum einen, warum man die im Recht liegenden Freiheitseinschränkungen anerkennen soll, zum anderen, warum das auf Anerkennung aufgebaute Recht trotzdem ein Moment von Zwang, sogar Strafzwang, enthält. Beide Fragen lassen sich erst durch ein Element von Gerechtigkeit, durch die rechtsdefinierende Gerechtigkeit, beantworten: daß der „Recht" genannte Sozialzwang letztlich nicht der kriminellen Organisation, sondern den Betroffenen, und zwar allen einzelnen selbst zugute kommt. Das Strafrecht beispielsweise dient den Rechtsgütern Leib und Leben, Eigentum und Ehre („guter Name"), auch der öffentlichen Gesundheit, dem Schutz von Urkunden, Maßen und Gewichten. Auch so wichtige Fragen der Strafbarkeit wie Zurechnungsfähigkeit und Schuld und strenge Verfahrensregeln sind ihrerseits dem Gedanken der Gerechtigkeit verpflichtet. Derartige Elemente rechtsdefinierender Gerechtigkeit bilden zusammen eine fundamentale „rechtskonstituierende Gerechtigkeit". Ohne sie wäre eine Rechts- und Staatsordnung, darin ist Augustinus zuzustimmen, nichts anderes als eine große Räuberbande. Eine Rechtsordnung kann nicht rundum ungerecht sein und sich trotzdem von organisiertem Verbrechen begrifflich unterscheiden. Zutreffend, wenn auch etwas vage sagt der Jurist und zeitweilige Reichsjustizminister Gustav Radbruch (*Gesetzliches Unrecht und übergesetzliches Recht*, 1946, S. 89), daß man „Recht, auch positives Recht, gar nicht anders definieren" kann, „denn als eine Ordnung und Satzung, die ihrem Sinn nach bestimmt ist, der Gerechtigkeit zu dienen" (vgl. auch Kap. IV).

2. Systemtheoretische Skepsis

Der Soziologe und Systemtheoretiker Niklas Luhmann (1927–1998) vertritt in der frühen Abhandlung *Legitimation durch Verfahren* (1969, S. 28 ff.) einen sozialgeschichtlichen und zugleich modernitätstheoretischen Rechtspositivismus: daß das Recht nicht immer, wohl aber in der Neuzeit von überpositiven Elementen frei und damit zu einem vorher unbekannten Maß an Veränderung befähigt worden sei. Dem Gedanken einer „Institutionalisierung der Beliebigkeit von Rechtsänderungen" liegt aber eine dreifache perspektivische Täuschung zugrunde. Erstens übersieht Luhmann, daß schon die Antike, namentlich die Athener Demokratie ein hohes Maß an Veränderung kennt. Zweitens entgeht ihm die rechtsdefinierende Gerechtigkeit, obwohl er selbst die Geltung des Rechts an Zustimmung bindet, die wiederum am ehesten bei einem distributiven Vorteil zu erwarten ist. Nicht zuletzt unterschätzt er, daß gerade die neuzeitliche Rechtsentwicklung von Gerechtigkeitsgrundsätzen geprägt ist. Die Wandlungsfähigkeit wird nicht schlechthin dem Recht, sondern lediglich im Rahmen weitreichender Gerechtigkeitsvorgaben erlaubt, etwa den Freiheitsrechten, der Volkssouveränität und der Gewaltenteilung, später der Sozialstaatlichkeit und neuerdings dem Umweltschutz.

Gut ein Jahrzehnt später will Luhmann (*Ausdifferenzierung des Rechts*, 1981, Kap. 15) nur noch den traditionellen Gerechtigkeitsbegriff verabschieden und ihn durch einen systemtheoretischen Begriff ersetzen: Um unter den Bedingungen der übermäßig komplex gewordenen Gesellschaft noch funktionsfähig zu bleiben, müsse das moderne Rechtssystem die eigene Komplexität erhöhen, insbesondere seine Fähigkeit zur inneren Differenzierung und zur Verarbeitung von Informationen. Die Gerechtigkeit sei nun jene „adäquate Komplexität", die die Komplexität der umgebenden Gesellschaft so weit innerhalb des Rechts widerspiegele, wie es dem Recht nach Maßgabe interner Funktionsbedingungen möglich sei.

Diese Neubestimmung folgt dem Grundsatz: Was man nicht anerkennen will, aber auch nicht leugnen kann, deute man um.

Denn im Rahmen der drei Bewertungsstufen (s. Abschn. II.2) gehört die adäquate Komplexität als eine funktionale Verbindlichkeit lediglich zur ersten Stufe. Sie erfüllt also nicht einmal die begriffliche Minimalbedingung von Gerechtigkeit, die Normativität dritter Stufe. Darüber hinaus trifft sie gar nicht die Besonderheit des Rechts; denn um adäquate Komplexität müssen sich alle gesellschaftlichen Teilsysteme bemühen. Statt dem Begriff der Gerechtigkeit und den Besonderheiten einer Rechtsordnung gerecht zu werden, vertritt Luhmann „eine Theorie der Gerechtigkeit ohne Gerechtigkeit".

Schließlich trägt Luhmann im Vortrag *Paradigm Lost* (1988) der Moral ein Argument entgegen, das sinngemäß auch die Gerechtigkeit trifft: Weil die moderne Gesellschaft aus relativ selbständigen Teilsystemen bestehe und jedes Teilsystem wie Wirtschaft, Wissenschaft und Recht einer je eigentümlichen, funktionsspezifischen Normativität gehorche, werde die funktionsunspezifische Normativität, die Moral, außer Kraft gesetzt. Unfähig, die Gesellschaft in ihren Teilen oder als ganze zu integrieren, sei die Moral zum verlorenen Paradigma geworden. Dagegen spricht aber, daß die funktionsunspezifische Normativität „Moral" funktionsspezifisch, daß die politische Gerechtigkeit beispielsweise rechts- und staatsspezifisch eingesetzt werden kann, sowohl rechtsdefinierend als auch rechtsnormierend.

3. Utilitarismus als Alternative?

Seit ihrer Frühzeit hat die Ethik des zu maximierenden Gemeinwohls, der Utilitarismus, Schwierigkeiten mit der Gerechtigkeit. Denn sie läßt nicht bloß zu, berechtigte Ansprüche, selbst die Grund- und Menschenrechte, zu verletzen, sofern es dem Kollektivwohl dient; sie verlangt es sogar. Einer der klassischen Vertreter, John Stuart Mill (1806–1873), versuchte zwar, den Utilitarismus mit der Gerechtigkeit zu versöhnen (*Utilitarismus*, Kap. 5) – der Versuch mißlingt aber. Einerseits unterscheidet er drei Stufen: (1) primäre Gerechtigkeitskriterien von (2) Handlungsregeln und (3) Einzelfällen. Er unterwirft jedoch nur die erste Stufe dem utilitaristischen Prinzip, ohne einzuräumen, daß für die beiden anderen Stufen Kriterien gelten – Gleichheit für die Stufe 2 und Unparteilichkeit für die Stufe 3 – die einen Gerechtigkeitscharakter haben. Damit erhält die Gerechtigkeit einen Tätigkeitsbereich, der weiter ist, als Mill anerkennt. Andererseits überschätzt er die Reichweite seiner utilitaristischen Rechtfertigung primärer Gerechtigkeitskriterien. Bei der für ihn wichtigen Strafgerechtigkeit zeigt Mill beispielsweise lediglich, daß sich die Kriminalstrafe auch vom Allgemeinwohl her rechtfertigen läßt. Er überlegt aber nicht, ob es nicht auch eine alternative Rechtfertigung gebe: die der Vergeltung, der in moralischer Hinsicht sogar der Vorrang gebühre (s. Kap. X). Ebensowenig stellt sich Mill der Frage, ob die beiden Grundelemente moderner Gemeinwesen, die Volkssouveränität und die Menschenrechte, einen Gerechtigkeitsrang haben.

Generell spricht gegen den Utilitarismus, daß er über der Forderung, das Gemeinwohl zu maximieren, die Frage vergißt, wie denn das maximale Gemeinwohl auf die Betroffenen zu „verteilen" sei. Gegen diese Frage gleichgültig, läßt er selbst eine Sklaven- und eine Kastengesellschaft zu, solang sie nur ein maximales Kollektivwohl erbringen. Zu Recht werfen Marx und Engels dem Utilitarismus eine „exploitation de l'homme par l'homme" vor, eine Ausbeutung des Menschen durch den Menschen (*Die deutsche Ideologie*, Abschn. „Moral, Verkehr, Exploitationstheorie"). Der Utilitarismus setzt außerdem ein zu hohes Maß an Altruismus voraus, da jeder bereit sein muß, sein eigenes Wohl dem Kollektivwohl unterzuordnen. Darin liegt eine „moralische Selbstverkleinerung", da der Mensch auf den Anspruch verzichtet, eine Person mit unverlierbaren Rechten zu sein, die kein auch noch so großes Gemeinwohl verletzten darf. Statt dessen werden nur „Minimalpersonen" anerkannt: Personen ohne höchste Ziele und ohne einen bestimmten Charakter. Der Grundfehler des Utilitarismus besteht in jener Verwechslung von Nichtparteilichkeit mit Nichtpersönlichkeit, die auf einer fehlenden Trennung von Menschenliebe und Gerechtigkeitssinn basiert.

IV. Politische Gerechtigkeit oder Naturrecht?

1. Der Gedanke eines Naturrechts

Seit sich Antigone unter Berufung auf die „ungeschriebenen Gottgebote, die wandellosen, die nicht von heute oder gestern stammen" (Sophokles, *Antigone*, Verse 471–473), über ein Gebot von Thebens König Kreon hinwegsetzte und unter Einsatz des Lebens ihren Bruder Polyneikes bestattete, lebt die abendländische Rechtsentwicklung von einem kritischen Impuls. Gegen die Arroganz der Macht, die glaubt, beliebige Vorschriften in den Rang geltenden Rechts erheben zu dürfen, wird die Idee einer aller menschlichen Autorität enthobenen Verbindlichkeit verfochten, deren Anerkennung jedes Gemeinwesen seinen Bürgern schulde und die bei krasser Mißachtung Widerstand erlaube. (Kreon selber handelt allerdings nicht aus reiner Machtarroganz.) Die Gesamtheit derart vor- und überpositiv gültiger Rechtsverbindlichkeiten nennen die Griechen das „von Natur aus Rechte bzw. Gerechte" (*physei/physikon dikaion*). Das Lateinische spricht von „Naturrecht" (ius naturae) oder vor der Verengung des Gesetzesbegriffs zu einem vornehmlich naturwissenschaftlichen Terminus von „Naturgesetz" (lex naturae). Unter dem Einfluß des Christentums ist auch vom „göttlichen Recht" (ius divinum) und einem „ewigen Gesetz" (lex aeterna) die Rede, seit der europäischen Aufklärung außerdem vom „Vernunftrecht".

Ob das Naturrecht sich letztlich auf eine gottgestiftete Weltordnung („kosmologisches Naturrecht"), auf das Wesen des Menschen („anthropologisches Naturrecht") oder aber auf die (praktische) Vernunft beruft („rationales Naturrecht" oder „Vernunftrecht"), und ob die Gegenseite, das positive Recht, sich aus Rechtsgewohnheiten und Präjudizien oder eher aus Gesetzbüchern speist, ist eine nachgeordnete Frage. Unbeschadet dieser Unterschiede lebt das europäische Rechtsdenken jahrhundertelang aus dem Mit- und Gegeneinander von Naturrecht und positivem Recht. Die großen Naturrechtsdenker sind entweder Juristen, die sich der Rechtsphilosophie öffnen, wie Hugo Grotius (1583–1645), Samuel Pufendorf (1632–1694) und Christian Thomasius (1655–1728), oder umgekehrt Philosophen, die sich intensiv mit dem Recht befassen, wie John Locke (1632–1704), Jean-Jacques Rousseau (1712–1778), Immanuel Kant (1724–1804) und Georg Wilhelm Friedrich Hegel (1770–1831). Mit der aller Philosophie eigentümlichen Radikalität und Originalität suchen sie nach Grundsätzen, die, auch ohne positive Rechtssetzung gültig, einen Vorrang vor den geltenden Gesetzen und der sie durchsetzenden Staatsgewalt besitzen. Damit inspirieren sie die Amerikanische und die Französische Revolution und tragen zur modernen Gestalt des Gemeinwesens bei, dem demokratischen Rechts- und Verfassungsstaat mit seiner religiösen Neutralität, mit seiner Trennung von persönlicher Moral und politischer Gerechtigkeit, mit Gewaltenteilung, Volkssouveränität und den zu Grundrechten positivierten Menschenrechten. Das neuzeitliche Naturrecht prägt auch nachhaltig die europäischen Gesetzgebungswerke wie etwa das *Allgemeine Landrecht für die preußischen Staaten* (1794), den französischen *Code Civil* (1804) und das österreichische *Allgemeine Bürgerliche Gesetzbuch* (1811).

Im ersten Drittel des 19. Jahrhunderts bricht aber die Tradition des Naturrechts ab. Erst die Erfahrung mit offensichtlichen Unrechtsstaaten, insbesondere mit dem „Dritten Reich", verleiht ihm erneut ein rechtliches und politisches Gewicht, sichtbar etwa in der Atlantik-Charta von 1941, der Menschenrechtserklärung der Vereinten Nationen von 1948 und einigen Urteilen des deutschen Bundesgerichtshofs und Bundesverfassungsgerichts. Obwohl es selbst im marxistischen Denken eines Ernst Bloch (1885–1977) und in der analytischen Rechtsphilosophie von Hart beachtet wird, stellt sich bald „die ewige Wiederkehr des Rechtspositivismus" ein. Ihr tritt aber die neuere Vertragstheorie entgegen, ist sie doch vom neuzeitlichen Naturrechtsdenken inspiriert. Weil das Naturrecht aber mittlerweile als obsolet gilt, spricht man lieber von „Theorien der Gerechtigkeit" (s. Abschn. VIII. 2–3).

2. Einwände

Vielen Einwänden gegen das Naturrecht liegt entweder ein Mißverständnis zugrunde oder sie beziehen sich auf Nachläufer, die nicht mehr das Niveau der großen Naturrechtsdenker erreichen:

Nach einem *ersten* Einwand soll das Programm des Naturrechts unklar sein, weil sein erstes Begriffselement mehrdeutig sei. In der Tat ist der Begriff der „Natur" zwar wie die meisten philosophischen Grundbegriffe an sich mehrdeutig, durch den Zusammenhang wird jedoch die Mehrdeutigkeit entschieden eingeschränkt. Der Ausdruck „Natur" steht hier nicht im Gegensatz zu „Geschichte" oder „Kultur", sondern zu dem, was die Menschen teils in Form von Rechtsgewohnheiten, teils in Form von ausdrücklicher Satzung untereinander vereinbaren. Als Gegenbegriff zu dem vom Menschen geschaffenen, positiven Recht meint das Naturrecht eine vor- und überpositive, näherhin moralische Instanz.

Das Naturrecht wird *zweitens* kritisiert, weil ihm alle drei Begriffselemente fehlten, die für das zweite Begriffselement, das Recht, unverzichtbar seien: (1) Als moralische Forderung habe es keinen positiven Zwangscharakter. (2) Da es im wesentlichen nur aus Rechts*grund*sätzen bestehe, lege es höchstens in Sonderfällen fest, was genau man von anderen fordern dürfe oder ihnen schulde. (3) Mit dem Zwangscharakter entfalle auch die „historisch-politische Gestalt" des Zwangs, der zwangsbewehrte Staat; infolgedessen sei das Naturrecht ein Recht ohne Waffen. Ein – dreifacher – Mangel liegt aber nur für den vor, der das Naturrecht als positives Recht mißversteht, obwohl es sich klar und entschieden als eine nicht-positive Instanz versteht.

Nach dem *dritten* Einwand, dem des ethischen Relativismus, müßten Naturrechtsprinzipien bei allen Völkern und zu allen Zeiten gleich sein. In Wahrheit fände man aber unterschiedliche, sogar widersprüchliche Rechtsgrundsätze. Gegen diesen Einwand spricht sowohl die soziale Wirklichkeit – der reiche Strauß interkultureller Gemeinsamkeiten (s. Abschn. I. 1) –, als auch ein methodisches Problem – der Sein-Sollens-Fehler: Selbst dort, wo sich die Grundsätze unterscheiden, kann man aus diesem Sachverhalt, einem „Sein", nicht auf die Berechtigung, ein „Sollen", schließen.

3. Ein kritisches Naturrecht

Wer die genannten Einwände ernst nimmt, vertritt ein kritisches Naturrecht, das zunächst in nichts anderem als einer moralisch-kritischen Einstellung gegen Recht und Staat besteht. Mit dieser Definition ist es allerdings noch unterbestimmt. Im Rahmen einer überpositiven Rechts- und Staatskritik liegt erst dann eine spezifisch naturrechtliche Argumentation vor, wenn man die „Natur" als normgebende Autorität in Anspruch nimmt. Dies kann auf dreierlei Weisen geschehen: deskriptiv, teleologisch und moralisch.

Im deskriptiven Sinn meint die Natur die Gesamtheit jener letzten, nicht mehr hinterfragbaren Voraussetzungen menschlichen Handelns, die weder durch früheres Tun und Lassen noch durch den gegenwärtigen institutionellen und kulturellen Rahmen bestimmt sind. „Natur" bedeutet hier den Inbegriff der Aspekte am Menschsein („anthropologisches Naturrecht") und der Welt („kosmologisches Naturrecht"), die – der persönlichen und gesellschaftlichen Verfügung entzogen – den Spielraum festlegen, in dem der Mensch, sei es als einzelner, sei es als Gruppe oder als Gattung, tätig werden kann.

Beim entsprechenden Naturrecht muß man sich überlegen, wieso die Natur eine rechtliche Normierungskraft haben soll, obwohl sie entweder eine unveränderbare Vorgabe ist oder aber etwas, zu dem der Mensch Stellung nehmen und was er je nach seinen Interessen anerkennen oder aber zu verändern suchen kann. In beiden Fällen hat die Natur nur eine faktische, keine normative Bedeutung. Sie ist ein Sein, aus dem man überpositive Normen nur um den Preis eines logischen Fehlschlusses, des genannten Sein-Sollens-Fehlers, ableiten kann.

Im Rahmen der jeder menschlichen Verfügung entzogenen Elemente bedeutet die Natur zweitens etwas, das wächst, deshalb nicht sogleich in voller Wirklichkeit vorhanden ist, sondern zuerst nur als Vermögen: als Anlage und als Keim. Das entsprechende „teleologische Naturrechtsdenken" geht vor allem auf Aristoteles zurück und entwickelt von ihm aus eine bedeutende Wirkungsgeschichte. Die Natur wird hier als ein Wachstums- und Entfaltungsprozeß verstanden, dessen Antrieb in dem liegt, was wächst, und der dort zum Abschluß kommt, wo die im ursprünglichen Keim angelegten Möglichkeiten zur vollen Entfaltung, zur optimalen Verwirklichung des Wesens, gelangen. Die klare Trennung von naturalen Tatsachen, dem Sein, und von idealen Normen, dem Sollen, wird dabei unterlaufen. Wenn Aristoteles behauptet, der Mensch sei von Natur aus ein politisches Lebewesen, so sind weder alle Prämissen dieser Behauptung im strengen Sinn Seinsaussagen, noch erhebt die Schlußfolgerung einen Sollensanspruch. Statt dessen sagt Aristoteles, in politischen Verhältnissen erhalte der Mensch die besten Chancen zu einem guten und erfüllten Leben (s. Abschn. VIII. 1).

Der dritte, moralische Begriff der Natur liegt dem rationalen Naturrecht der Neuzeit zugrunde und wird am methodisch klarsten von Immanuel Kant verwendet. Während das 17. und 18. Jahrhundert generell unter dem Naturrecht das nichtempirische Gegenstück zur empirischen Staatswissenschaft verstehen, ist es Kant, der dabei alle religiösen und theologischen Annahmen beiseite setzt. Das Naturrecht ist bei ihm eine offenbarungsfreie, lediglich auf Vernunft gegründete Disziplin. Als Teil der praktischen Philosophie und zugleich Propädeutik der positiven Rechtswissenschaft gehört sie der Sache nach beiden Fakultäten an, sowohl der Jurisprudenz als auch der Philosophie. Kant hebt den theoretischen Bereich der Naturgesetze vom praktischen Bereich der Freiheitsgesetze streng ab und ordnet das Naturrecht dem Bereich der Freiheit zu. Statt von Naturrecht spricht man daher besser von Freiheitsrecht. Denn mit der „natürlichen Natur", dem Inbegriff alles Seienden, hat es nichts zu tun. Auch nicht auf das Wesen

Abb. 4: Ambrogio Lorenzetti, Das Gute Regiment des Friedens und der Gerechtigkeit, 1338/40, Siena, Palazzo Pubblico, Ausschnitt

des Menschen bezogen, besteht das Naturrecht als strenges Vernunftrecht in der Gesamtheit aller vorempirischen und zugleich moralischen Prinzipien des Rechts.

Bei Kant gelangt das Naturrechtsdenken zur Einsicht, daß die Natur als normgebende Autorität mit der empirisch erforschbaren Natur, der naturalen Natur, nichts zu tun hat. Selbst wenn bei den konkreteren Prinzipien empirische Kenntnisse eine Rolle spielen, dienen sie nicht der moralischen Rechtfertigung, wohl aber der Spezifizierung eines von aller

Empirie unabhängigen rechtsmoralischen Grundprinzips. Weil die Natur des Naturrechts mit der empirisch erforschbaren Natur nichts zu tun hat, verzichtet man lieber, um Mißverständnisse zu vermeiden, auf den Ausdruck. Das Naturrecht, das dem Sein-Sollens-Fehler klar entgeht, entspricht dem moralischen Standpunkt gegenüber Recht und Staat. Infolgedessen ist es mit der Sache der politischen Gerechtigkeit nicht etwa nur verwandt. Schon gar nicht steht es in Konkurrenz zu ihr. Es fällt vielmehr mit ihr zusammen.

V. Verfahrensgerechtigkeit

Für rechtsverbindliche Entscheidungen braucht es klare Verfahren. Ihnen liegen Gerechtigkeitsprinzipien zugrunde, die in so gut wie allen Kulturen unstrittig zum Gerechtigkeitserbe der Menschheit gehören. Da sie nicht erst in einer Rechts- und Staatsordnung von Bedeutung sind, zählen sie zu einer vorpolitischen, „natürlichen Gerechtigkeit". Erstaunlicherweise spielen sie in der Tradition des Naturrechts keine nennenswerte Rolle.

Bei Verfahren kommt es unmittelbar nicht auf Inhalte oder Ergebnisse an, sondern auf Zuständigkeiten, Abläufe und Formen. Diese sind allerdings kein Selbstzweck. Weil sie Inhalten und Ergebnissen dienen und erst von diesem Dienst ihre Rechtfertigung gewinnen, bringen sie nur unter zwei Voraussetzungen jene generelle Bereitschaft zustande, auf der demokratische Rechtsstaaten aufbauen, nämlich inhaltlich noch unbestimmte Entscheidungen des Gesetzgebers hinzunehmen: Zum einen müssen die Verfahren für die Bedürfnisse und Interessen der Betroffenen offen, überdies lernfähig sein, auch Grundsätzen der Verfahrensgerechtigkeit genügen. Zum anderen müssen sie sich an Vorgaben binden, die ihrerseits gerecht sind, die sich zumindest mit substantieller Gerechtigkeit vertragen.

Von den drei Arten der Verfahrensgerechtigkeit, der reinen, der unvollkommenen und der vollkommenen Form, leistet die in Recht und Staat vorherrschende, unvollkommene Verfahrensgerechtigkeit keine originäre, sondern bestenfalls eine subsidiäre Legitimation. Weil sich hier nicht einmal die Leitaufgabe aller Verfahrensgerechtigkeit, die Unparteilichkeit, garantieren läßt, fehlt es den neuerdings beliebten prozeduralistischen Demokratietheorien (z. B. Habermas, *Faktizität und Geltung*, 1992, Kap. VII f.) an Überzeugungskraft. Mehr noch: Alle Theorien von Recht, Staat und Politik, die sich ganz auf Verfahren verlassen, haben einen positivistischen und zugleich die Gerechtigkeit gefährdenden Einschlag.

Nur bei der ersten Art, der *reinen Verfahrensgerechtigkeit*, leisten Verfahren mehr als eine bloß subsidiäre Legitimation. Hier liegt nämlich die Gerechtigkeit im Verfahren selbst, während von einem verfahrensunabhängigen Maß für ein gerechtes Ergebnis keine Rede sein kann. Sobald man ein faires, alle Betroffenen gleich behandelndes Verfahren anwendet, beim Glücksspielen etwa das Würfeln oder das Ziehen eines Loses und bei Abstimmungen das Zählen der Stimmen, so sind die Ergebnisse nicht bloß subsidiär, sondern sogar originär gerecht.

Im Unterschied zu dieser Gerechtigkeit *im* Verfahren geht es den beiden anderen Arten um Gerechtigkeit *durch* Verfahren. Bei der *vollkommenen Verfahrensgerechtigkeit* gibt es einen unabhängigen Maßstab für das gerechte Ergebnis und ein Verfahren, dieses Ergebnis mit annähernder Sicherheit zustande zu bringen. Die Aufteilung eines Kuchens beispielsweise hat in der Regel dann ein gerechtes Ergebnis, wenn jeder denselben Anteil erhält, was sich nach dem Grundsatz zustande bringen läßt: Wer teilt, erhält das letzte Stück. Denn dann achtet er darauf, daß alle Stücke möglichst gleich groß ausfallen.

Auch bei der *unvollkommenen Verfahrensgerechtigkeit* gibt es für das gerechte Ergebnis einen unabhängigen Maßstab. Strafprozesse beispielsweise sind dann gerecht, wenn sie einerseits alle Schuldigen, aber auch nur die Schuldigen bestrafen, und darüber hinaus die Strafe ausschließlich nach Maßgabe der Schuld bemessen. Offensichtlich gibt es aber kein Verfahren, das Justizirrtümer ausschließt und sowohl die Bestrafung von Unschuldigen als auch die Nichtbestrafung von Schuldigen verhindert, nicht zuletzt jene Falschbestrafung, daß jemand nicht nach Maßgabe seiner Schuld, sondern entweder zu schwer oder aber zu leicht bestraft wird.

Auch wenn sich die Unparteilichkeit nicht garantieren läßt, gibt es doch Grundsätze, die sie befördern. Besonders ausdifferenziert sind sie im Archetyp unvollkommener Verfahren, dem Gerichtsprozeß (vgl. Hoffmann, *Verfahrensgerechtigkeit*, 1992). Im Abendland gehen sie häufig auf griechische Quellen, zum Teil mit ägyptischen und babylonischen Vorläufern, zurück. In der Sache gelten sie oft schon viel länger, und sie finden sich in vielen anderen Kulturen wieder. Zu den interkulturell anerkannten Grundsätzen zählt beispielsweise ein Grundsatz des rechtlichen Gehörs: „audiatur et altera pars" / „Auch die andere Seite ist anzuhören". In diesem Sinn und um der Unparteilichkeit willen verlangt eine altägyptische Dienstordnung der Wesire aus der 18. Dynastie um 1500 v. Chr.: „Sieh den, den du kennst, an, wie den, den du nicht kennst, und den, der dir nahe ist, wie den, der deinem Haus fern ist" oder „Übergehe keinen Bittsteller, ohne daß du seine Rede gehört hast" (nach Wagner, *Der Richter*, 1959, S. 33). Und ein deutsches Sprichwort sagt: „Eenes Mannes Rede ist keenes Mannes Rede, man soll sie billig hören beede." Damit jede Seite ihren Standpunkt, sowohl ihre Darstellung der Tatsachenlage als auch deren rechtliche Würdigung darlegen kann, darf man einen Rechtsstreit erst dann entscheiden, wenn beide Seiten sich erklärt haben.

Ein anderer Grundsatz lautet: „nemo est iudex in causa sui" / „Niemand sei Richter in eigener Sache". Um die Unparteilichkeit zu wahren, darf ein Richter, wenn eine Sache ihn selbst betrifft oder mitbetrifft, sein Amt nicht ausüben. Verschärft wird dieser Grundsatz im Recht auf Ablehnung wegen Befangenheit. Im Zivilprozeß hat jede Partei das Recht, einen Richter, Urkundsbeamten oder Sachverständigen abzulehnen, wenn die Sorge besteht, daß er der Sache nicht unvoreingenommen gegenübersteht (z. B. in der deutschen *Zivil-*

prozeßordnung, §§ 41 ff. und 406). Und im Strafprozeß haben Beschuldigte, Staatsanwaltschaft und Privatkläger das gleiche Recht gegen Richter, Schöffen, Geschworene, Urkundsbeamte und Sachverständige (*Strafprozeßordnung*, §§ 24 ff. und 74).

Weiterhin ist auf Fairneß im Umgang der Beteiligten zu achten und darauf, daß möglichst alle entscheidungserheblichen Gesichtspunkte zur Geltung kommen. Denn nichts widerstreitet der Verfahrensgerechtigkeit mehr als Voreingenommenheit und Einseitigkeit. Der Verfahrensgerechtigkeit dienen auch die sachliche und persönliche Unabhängigkeit des Richters, die Öffentlichkeit des Verfahrens, der Instanzenzug (die Möglichkeit von Berufung und Revision), auch prozedurale Fristen; denn ohne die Rechtssicherheit, der sie dienen, gibt es keine reale Gerechtigkeit.

VI. Drei Grundsätze

Die wichtigste abendländische Rechtssammlung und zugleich Gesetzgebung, das vom oströmischen Kaiser Justinian (527–565) veranstaltete *Corpus Juris Civilis*, eine „Sammlung des bürgerlichen (nicht des kirchlichen) Rechts", faßt an prominenter Stelle, gegen Beginn der Digesten, die gesamten Forderungen des Rechts in drei Grundsätze zusammen. Jahrhundertelang führte man sie auf den römischen Juristen Domitius Ulpian(us) zurück (um 170–228). Klar und zugespitzt, wie in Stein gemeißelt, heißt es: „Die Vorschriften des Rechts sind diese: ehrenhaft leben, den anderen nicht verletzen, jedem das Seine gewähren." („Juris praecepta sunt haec: honeste vivere, alterum non laedere, suum cuique tribuere.") Zu Imperativen abgewandelt, steigen sie zu den berühmtesten Prinzipien abendländischen Rechts, zu drei kategorischen Rechtsprinzipien, auf. Sowohl für eine Privatperson als auch eine Amtsperson bestimmen sie zugleich notwendig und zureichend die personale Gerechtigkeit bzw. Rechtschaffenheit.

Nach dem gewöhnlichen Verständnis besagen die drei Grundsätze im wesentlichen dasselbe. Der erste Grundsatz „lebe ehrenhaft" (honeste vive) fordert zu einer Rechtschaffenheit auf, die nach ihrer negativen Bestimmung im Verbot „tue niemandem Unrecht" (neminem laede) besteht und positiv gewendet im Gebot „gib jedem" das ihm rechtlich Zustehende, „das Seine" (suum cuique tribue). Man kann aber auch wie schon Kant (*Rechtslehre*, „Allgemeine Einteilung der Rechtspflichten") jedem Grundsatz eine besondere und zugleich grundlegendere Bedeutung geben.

1. „Lebe ehrenhaft"

Im ersten Grundsatz „lebe ehrenhaft" geht es nicht um jene Ehre im außerrechtlichen Sinn, die sich außergewöhnlichen Leistungen verdankt und sich als ein herausragendes Ansehen, als Reputation samt Ehren und Ehrenämtern zeigt. Im lateinischen Wort „honestas" verbindet sich die Ehre mit Würde, Tugend und Sittlichkeit. Beim Recht kommt es auf deren bescheidenen, negativen Sinn, auf die rechtliche Unbescholtenheit an, die jeder verdient, der sich rechtlich nichts zuschulden kommen läßt. Das erste Gebot personaler Gerechtigkeit verlangt, Rechtsverstöße zu unterlassen und das freie Unterlassen zu einer festen Haltung, einem Charaktermerkmal, auszubilden. Sie besteht in einem bewußten und freiwilligen Rechtsgehorsam, in der Rechtschaffenheit als Rechtskonformität und Rechtsintegrität.

Dieses Verständnis läßt sich mit Kant noch um die Forderung und Pflicht zur rechtsmoralischen Selbstbehauptung oder Selbstanerkennung ergänzen, „im Verhältnis zu Anderen seinen Wert als den eines Menschen zu behaupten" (*Rechtslehre*, „Einteilung der Rechtslehre", A). Sie entspricht dem kategorischen Imperativ: „mache dich anderen nicht zum bloßen Mittel, sondern sei für sie zugleich Zweck". Im grundlegenden, das Recht erst konstituierenden Sinn ist nur derjenige rechtlich ehrbar, der sich nicht zum bloßen Mittel herabwürdigen läßt: zu einer Sache, mit der andere beliebig schalten und walten dürfen. Der Rechtschaffene tut nicht nur anderen kein Unrecht, sondern läßt auch insofern mit sich kein Unrecht geschehen, als er sich jeder rechtlichen Entwürdigung verweigert. Er verbittet sich die „kleine Entwürdigung": daß man sich sehenden Auges betrügen oder sonstwie um seiner Rechte prellen läßt, und vor allem die „große Entwürdigung", die sich der Sklaverei oder Leibeigenschaft beugt.

2. „Tue niemandem Unrecht"

Der zweite Gerechtigkeitsgrundsatz „verletze niemanden" (neminem laede) betrifft nicht nur die körperliche, sondern jede Rechtsverletzung. Er hebt in der Tat nur die negative Seite rechtlicher Unbescholtenheit hervor; er verbietet, jemandem Unrecht zu tun. Trotzdem kommt noch ein neues Element hinein. Das Verbot setzt nämlich voraus, daß die anderen schon gewisse Rechte haben, die man achten oder aber verletzen kann. Da das Verbot ohne Einschränkung ergeht, sind die mit ihm geschützten Rechte ebenso ohne Einschränkung gültig. Im zweiten Grundsatz wird also stillschweigend mitbehauptet, jeder habe teils angeborene, teils erworbene Rechte, die jeder andere ausnahmslos und kompromißlos zu achten habe. Die im ersten Grundsatz geforderte rechtliche Selbstanerkennung wird also im zweiten um die rechtliche Fremdanerkennung ergänzt. Und ohne sie – erinnert der erste Grundsatz – verliert man seine rechtliche Unbescholtenheit.

Wie aber soll man sich verhalten, wenn soziale Beziehungen nur auf Kosten des Rechts, also etwa nur in Form von Unterdrückung und Ausbeutung möglich sind? Die Antwort des zweiten Grundsatzes ist provokativ klar: Als ein kategorischer Rechtsimperativ gilt das Gebot, niemandem Unrecht zu tun, ohne Ausnahme, selbst wenn man, wie Kant zu Recht betont, „darüber auch aus aller Verbindung mit andern heraus gehen und alle Gesellschaft meiden" müßte. Moralische Wesen haben also nur diese Alternative: Entweder sie gehen miteinander eine Beziehung ein, die Rechte achtet, kurz: eine Rechtsbeziehung, oder aber sie müssen sich aller Beziehungen enthalten. Eine Gesellschaft auf der Grundlage von Unterdrückung, Ausbeutung und anderen Menschenrechtsverletzungen ist jedenfalls kategorisch verboten.

3. „Gewährleiste jedem das Seine"

Der dritte Grundsatz läßt sich über Platons *Politeia* (I 331e ff.) bis zum griechischen Dichter Simonides (556–468/7 v.Chr.) zurückverfolgen. Meist beruft man sich aber auf Cicero (106–43 v.Chr.; *De officiis*, 1 § 15; *De legibus*, 1 § 19) oder auf die genannte Digesten-Stelle. Das angemessene Verständnis ist umstritten. Bei Platon erläutert ein ehrbarer Bürger die Forderung, „jedem das Schuldige" zu leisten, als Gebot, den Freunden Gutes und den Feinden Böses zu tun. Platon selbst gibt allerdings eine andere Deutung: daß jeder Teil der Seele und jeder Stand der Gesellschaft die ihnen vom Ganzen her obliegende Aufgabe zu erfüllen habe (s. Abschn. I. 3).

In der gewöhnlichen Übersetzung „gib jedem das Seine" (suum cuique tribue) erscheint der dritte Grundsatz als ungereimt, denn man soll jemandem die Rechte geben, die er nach dem zweiten Grundsatz schon hat. Sinnvoll ist daher ein anderes Verständnis: daß die Rechte, die man schon hat, gesichert werden; auf das Gewähren der Rechte folgt deren Gewährleistung. Rechte sind aber nicht bloß durch einen einzelnen, sondern durch die Gesamtheit aller anderen bedroht. Die Sicherung ist daher nicht individuell, sondern nur gemeinsam, sie ist nicht privat, sondern öffentlich vorzunehmen. Der einzelne kann allerdings der betreffenden öffentlichen Rechtsgemeinschaft, einem Staat, beitreten oder ihr den Beitritt verweigern. Angesichts dieser Alternative verlangt der dritte Gerechtigkeitsgrundsatz, einer Rechtsgemeinschaft beizutreten oder, falls es sie noch nicht gibt, sie originär zu gründen. Denn angesichts der räumlichen Begrenztheit der Erde ist die Gesellschaft mit anderen unvermeidbar, und wegen des Unrechtsverbotes muß die unvermeidbare Gesellschaft rechtsförmig gestaltet werden.

Im Zusammenspiel der drei Grundsätze wird Sokrates' Maxime „Lieber Unrecht erleiden als Unrecht tun" dialektisch aufgehoben. Ihr zweiter Teil, das absolute Unrechtverbot, wird nämlich bewahrt, der erste Teil, die Bereitschaft, lieber Unrecht zu erleiden, dagegen überflüssig, da eine Rechtsgemeinschaft im Prinzip weder eigenes Unrecht begeht noch fremdes Unrecht duldet. Auf die Forderung nach Selbstanerkennung im ersten und die nach Fremdanerkennung im zweiten folgt schließlich im dritten Gerechtigkeitsgrundsatz das Gebot einer wechselseitig und zugleich öffentlich gesicherten, insofern staatsförmigen Anerkennung. Da das Gebot ohne Einschränkung gilt, betrifft es nicht nur Individuen und Gruppen, sondern auch Staaten. Der dritte Gerechtigkeitsgrundsatz verlangt daher nicht bloß einen „nationalen", sondern auch einen inter- und transnationalen Rechtszustand: eine föderale Weltrepublik einzurichten (s. Abschn. XIII. 1).

VII. Justiz

1. Gerechtigkeitsprinzipien der Justiz

In der Bezeichnung des Gerichtswesens als „Justiz" klingt noch die geschichtlich primäre und bis heute unverzichtbare Aufgabe der Gerechtigkeit an: Jemandem Gerechtigkeit widerfahren lassen heißt im Zivilrecht, ihm zu seinem Recht zu verhelfen, also über Ansprüche und korrespondierende Verpflichtungen zu entscheiden, und im Strafrecht einerseits, nur Schuldige zu bestrafen, Unschuldige aber freizusprechen, und andererseits, die Strafe nach der Schwere des Verschuldens festzulegen. In beiden Fällen soll Objektivität herrschen, damit das böse Sprichwort widerlegt wird: „Auf hoher See und vor Gericht ist man in Gottes Hand." Statt dessen soll die Justiz das für alle leisten, was der „König der Gerechtigkeit", Hammurapi, den Schwachen, Witwen und Waisen verspricht:

Die Richterschaft soll sich als das beseelte Recht verstehen und unterschiedslos jedem zu seinem Recht verhelfen.

Das Gerichtswesen ist eine Gerechtigkeits-Innovation von wahrhaft weltgeschichtlichem Rang. Wie es Aischylos in der *Orestie* beispielhaft zeigt, überwindet es die doppelte Privat-„Justiz", die private Meinung über das Recht und seine private Durchsetzung, samt deren unvermeidlicher Folge, dem Flächenbrand der Gewalt. Zu diesem Zweck müssen allerdings beide Grundformen der Gerechtigkeit zusammenkommen. Die politische Gerechtigkeit eines Gemeinwesens setzt das Gerichtswesen ein – als Überwindung der Privatjustiz heißt es genauer die öffentliche Justiz oder die öffentliche Gerechtigkeit; und die personale Gerechtigkeit der Richter sorgt für unparteiische Urteile.

Der Unparteilichkeit dienen die bei der unvollkommenen Verfahrensgerechtigkeit genannten Grundsätze. Das Verbot, Richter in eigener Sache zu sein, und andere „primäre Regeln richterlicher Unparteilichkeit" sollen dem zur Wirklichkeit verhelfen, was das Sprichwort „fiat iustitia et pereat mundus" („Es herrsche Gerechtigkeit, auch wenn die Welt zugrunde geht") ursprünglich meint. Es bedeutet nämlich nicht jenen Fanatismus, der um der Gerechtigkeit willen selbst einen Weltuntergang in Kauf nimmt. (Martin Luther übersetzt in seiner Predigt vom 10. Mai 1535: „Es geschehe, was recht ist, und solt die welt drob vergehen.") Das für Papst Hadrian VI. (1459–1523, Krönung 1522) erstmals bezeugte Wort besagt, daß auch die „Welt" im Sinne der „Großen und Mächtigen" dem Arm der Justiz nicht entzogen sein darf. Kant verdeutscht daher richtig: „Es herrsche Gerechtigkeit, die Schelme in der Welt mögen auch insgesamt daran zugrunde gehen" (*Zum ewigen Frieden*, Anhang I).

Um vollkommen unparteilich zu sein, müßten die Richter drei Vollkommenheiten besitzen: eine Allwissenheit sowohl hinsichtlich des geltenden Rechts als auch dessen, was geschehen ist; eine Allklugheit, die alles Geschehene im Lichte des geltenden Rechts richtig zu beurteilen fähig ist; eine vollkommene persönliche Gerechtigkeit, die alles gerecht zu beurteilen auch willens ist. Und das Gerichtswesen muß zusätzlich, viertens, über eine Allmacht verfügen, die die gerechten Urteile vollkommen durchzusetzen vermag. Weil aber nur eine Gottheit so vollkommen ist, kann die Justiz sich nur um eine möglichst weitgehende Annäherung bemühen. Dazu gehören institutionelle Vorkehrungen. Im Wissen um die vielfachen Grenzen jedes Richters und Richterkollegiums verläßt man sich nicht auf den rundum guten, den allwissenden, allklugen und schlechthin gerechten Richter. Ohne die Anforderungen an die Richterschaft zu ermäßigen, sorgt man zusätzlich für die Öffentlichkeit des Verfahrens, für eine Hierarchie von Gerichten und im Fall der Strafverfahren für eine Arbeitsteilung zwischen Ankläger („Staatsanwalt"), Verteidiger und Richter. Der Richter wiederum muß sein „juristisches Handwerk" beherrschen, was mit der Kenntnis der geltenden Gesetze, deren bisheriger Auslegung und rechtswissenschaftlicher Diskussion, der „herrschenden Lehren", beginnt.

Die juristischen Kenntnisse allein befähigen aber nicht zum Richteramt. Zusätzlich muß man die vorgelegten Fälle nach Maßgabe der Gesetze, also das Besondere im Lichte des Allgemeinen, zu beurteilen verstehen. Nach einem naiven Verständnis richterlicher Urteilskraft reicht dafür eine schlichte Subsumptionsleistung aus, die syllogistische, fast mechanische Ableitung des Urteils aus zwei klaren Vorgaben, der allgemeinen Regel und dem besonderen Fall. In Wahrheit gibt es keinen „Justizsyllogismus", da das Gesetz den Richterspruch nicht normativ determinieren kann. Dafür spricht aber nicht etwa ein empirischer Befund wie der Wandel der Privatrechtsordnung im Nationalsozialismus. Denn für diesen Wandel ist auch manch willfähriger Gehorsam gegen politische Vorgaben, also ein Mangel an Zivilcourage, verantwortlich. Ein Justizsyllogismus ist vielmehr aus dem wissenstheoretischen Grund unmöglich, daß Gesetze auslegungsbedürftig sind, ohne deshalb dem richterlichen Handeln zur Disposition zu stehen. Der Richter bleibt mit Montesquieu der „Mund des Gesetzes". Er spricht aber nicht wie ein gedankenlos plappernder Papagei, wird vielmehr schöpferisch, aber weniger rechts- als auslegungsschöpferisch tätig. Denn im Unterschied zum Gesetzgeber darf der Richter nicht neues Recht schaffen, sondern nur das vorgegebene Recht auslegen. Der Aufhebung beider Seiten von Privatjustiz verpflichtet, darf der Richter keine „richterliche Privatjustiz" üben und an die Stelle fremder Privatmeinungen seine eigene setzen, um ihr dank autorisierter Entscheidungsgewalt noch zur öffentlichen Geltung zu verhelfen. Es gibt eine einzige Ausnahme, für die sich die klassische Formulierung im *Schweizerischen Zivilgesetzbuch*, Artikel 1 Absatz II, findet: „Kann dem Gesetz keine Vorschrift entnommen werden, so soll der Richter nach Gewohnheitsrecht und, wo auch ein solches fehlt, nach der Regel entscheiden, die er als Gesetzgeber aufstellen würde."

Weil einer richterlichen Entscheidung ein schöpferischer Charakter innewohnt, kann man sie kaum vorhersehen. Trotzdem ist am Gedanken festzuhalten, auch in strittigen Fällen gebe es „richtige Antworten". Ihnen dienen Auslegungsregeln, die die „primären Regeln richterlicher Unparteilichkeit" um „sekundäre Regeln richterlicher Unparteilichkeit" ergänzen. Zum richterlichen Handwerk gehört die Fähigkeit, einen oft schwierigen und umstrittenen Sachverhalt zu ermitteln („Tatsachenfindung"), dabei, wenn erforderlich, Gutachten zu Hilfe zu nehmen und diese, da sie häufig kontrovers ausfallen, ihrerseits zu beurteilen. Der Kern der juristischen Urteilskraft besteht aber in der Fähigkeit, den ermittelten Sachverhalt im Licht der geltenden Gesetze auszulegen, dabei Abwägungen vorzunehmen und die Abwägungen in einer Entscheidung gipfeln zu lassen. Weil man auch bei bestem Wissen und Gewissen fehler- und irrtumsanfällig bleibt, muß die Bereitschaft hinzukommen, im nachhinein juristische Kritik zu verarbeiten und aus ihr für künftige Entscheidungen zu lernen.

Eigene Auslegungsregeln binden den Richter bei der Interpretation der Gesetze. Sie verpflichten ihn auf den Wortsinn (grammatikalische Auslegung), auf den Bedeutungszusammenhang (systematische Auslegung), auf den Regelungszweck des Gesetzgebers (historische Auslegung), auf den Regelungszweck, wie er im fraglichen Gesetz heute zum Ausdruck

Abb. 5: Justitia, Bamberger Dom

kommt (teleologische Auslegung), auf die Vorentscheidungen der Verfassung (verfassungskonforme Auslegung) und auf frühere Entscheidungen („Präjudizien"), insbesondere die der höchsten Gerichte, sowie auf das, was nach langer Tradition zur „herrschenden Lehre" aufgestiegen ist. Offensichtlich kann es zwischen diesen Auslegungen zu Konflikten kommen. Auch wenn es keine sie schlichtende Metaregel gibt, stehen die Regeln in einem Zusammenhang miteinander; sie ergänzen sich häufig und verlangen im Konfliktfall, was die Richter ohnehin beherrschen müssen: die Kunst des Abwägens.

Eine letzte Gerechtigkeitsaufgabe der Justiz: Im Rahmen der größeren Aufgabe „Rechtssicherheit" sucht die Justiz die Entscheidungen verschiedener Fälle zu einer möglichst gleichmäßigen und möglichst einheitlichen Rechtsprechung zu verbinden.

2. Zur Ergänzung: Billigkeit

Eine wichtige Korrektur zu Recht und Gerechtigkeit geht auf Aristoteles zurück: die Billigkeit (*epieikeia*: Nikomachische Ethik, V 14; lat. aequitas; engl. equity). Eine Korrektur könnte zum Beispiel als „Nachbesserung" geboten sein. Eine nicht hinreichend sorgfältige Gesetzgebung bedarf der Novellierung. Die Billigkeit befaßt sich aber mit einer anderen Korrektur, der der konkreten Anwendung. Weil Gesetze allgemeine Regeln sind, werden sie nicht jedem Einzelfall gerecht. Hier bewahrt die Billigkeit sowohl vor einer kleinlichen als auch vor einer gnadenlosen Genauigkeit, damit sich das höchste Recht nicht in höchstes Unrecht verkehre: „summum ius summa iniuria". Das von Cicero überlieferte römische Sprichwort (*De officiis*, I 10, 33) spielt allerdings mit einer Doppeldeutigkeit. Im ersten Teil meint es ein gesetzlich verbürgtes, positives Recht, im zweiten Teil ein rechtsmoralisches Unrecht. Und diese Möglichkeit kommt vor: daß die Anwendung des positiven Rechts gelegentlich zu einem rechtsmoralischen Unrecht führt. Dem tritt die Billigkeit entgegen.

Der billig Handelnde ist nun selbst dort zum Nachgeben bereit, wo er das Gesetz auf seiner Seite hat. Von einem derartigen Verzicht sagt Kant zu Recht, er lasse sich nicht erzwingen (*Rechtslehre*, „Anhang zur Einleitung in die Rechtslehre"). Wenn beispielsweise ein Vertrag keinen Inflationsausgleich vorsieht, besteht auch bei einer hohen Inflationsrate keine positivrechtliche Pflicht zum Ausgleich. Aristoteles stimmt dem zu, denn er verpflichtet den Richter ausdrücklich auf das Gesetz und erlaubt nur einer eigenen, vom Amt des Richters unterschiedenen Instanz, dem Schiedsrichter, die Rücksicht auf die Billigkeit.

Mit gutem Grund führt Aristoteles die Gerechtigkeit und die Billigkeit als zwei Tugenden ein und hält sie doch nicht für verschiedene Haltungen. Denn Situationen, die nach Billigkeit verlangen, sind gewissermaßen ein Testfall, bei dem man seine personale Gerechtigkeit unter Beweis stellt. Gegen eine gedankenlose, mechanische Anwendung gerichtet, fordert die

Billigkeit die Urteilskraft heraus. Da Regeln generell die Einzelfallgerechtigkeit beeinträchtigen, könnte man auf sie verzichten und sich ganz auf die Urteilskraft von Menschen verlassen wollen. Gesetze sind aber insofern besser, als sie im Unterschied zu Menschen von Leidenschaften ganz frei sind. Der Mensch versteht es dagegen besser, den Einzelfall zu beurteilen. Hier tut sich jene von Spannungen nicht freie Doppelaufgabe auf, die die Umgangssprache in der Verbindung von „recht und billig" und von „allen billig und gerecht Denkenden" bewahrt: Einerseits braucht das Recht, weil für Gleichheit zuständig, die generelle Norm. Andererseits muß es den Einzelfall in seiner unverwechselbaren Besonderheit würdigen, was gelegentlich vom Buchstaben des geltenden Rechts abzuweichen verlangt. Die Idee der Gerechtigkeit soll dadurch aber nicht etwa suspendiert, im Gegenteil soll sie auch dort beachtet werden, wo so außergewöhnliche Umstände vorliegen, daß sie der Gesetzgeber nicht vorausgesehen hat. Die Billigkeit, einschließlich einer Verfahrensbilligkeit, bedeutet eine gerechtigkeitsgebotene Korrektur in Sonderfällen.

3. Gefahr: Richterstaat

Der erste Theoretiker moderner Gewaltenteilung, Charles Louis de Secondat de Montesquieu (1689–1755), hält unter den damaligen Bedingungen, denen des absolutistischen Staates, die richterliche Gewalt für in gewisser Weise gar nicht vorhanden (*Vom Geist der Gesetze*, 1748, XI 6). Vierzig Jahre später schwächt der nordamerikanische Staatsmann Alexander Hamilton (1757–1804) Montesquieus Einschätzung nur wenig ab, obwohl er unter neuen Bedingungen, denen einer Republik, lebt. Er nennt die „Judikative die unvergleichlich schwächste der drei Gewalten" (*Federalist Papers*, 1788, Nr. 78), da sie im Unterschied zur Exekutive keinen Einfluß auf das Schwert und im Gegensatz zur Legislative kein Kommando über die Geldbörse habe.

Mittlerweile haben sich aber die Machtverhältnisse zugunsten der Judikative grundlegend und nachhaltig verschoben.

Eine erste Stärkung bringt die immanente Vollendung des Rechtsstaates zum Rechtswege- und Rechtsmittelstaat. Gerichte sind heute für so gut wie jedes Handeln zuständig, als Verwaltungs-, Sozial- und Finanzgerichte auch für die Exekutive. Eine zweite Stärkung verdankt sich der Entwicklung des Sozialstaates. Weil die Exekutive hier nicht mit dem Schwert, sondern mit dem Füllhorn, der Geldbörse, auftritt und in ihren Leistungen detaillierten Regeln unterliegt, ist die Gestaltungsmacht der Exekutive erheblich gesunken. Teils wegen rechtlich verbindlicher Personal- und Sozialkosten, teils wegen der hohen Staatsverschuldung, nicht zuletzt weil die Staatsquote bezüglich des Bruttosozialprodukts sehr hoch liegt, hat drittens auch das „Kommando über die Geldbörse", die Legislative, an Gestaltungsmacht verloren. Und wo die Macht von Exekutive und Legislative sinkt, steigt die Macht der Judikative.

Während derartige Machtstärkungen dem gerechtigkeitsgebotenen Rechtsstaat dienen, ergibt sich eine vierte aus einer bereichsspezifischen Regelungsscheu des Gesetzgebers, durch die er sich unnötig selbst schwächt. Insbesondere im Arbeitsrecht hat sich die Justiz zum Ersatzgesetzgeber entfaltet. Eine fünfte, gerechtigkeitstheoretisch wünschenswerte Machtstärkung liegt im Recht des einzelnen, gegen verfassungswidrige Eingriffe der Staatsgewalt Verfassungsgericht oder Bundesgericht anzurufen, etwa Verfassungsbeschwerde einzulegen.

Ein besonders erheblicher, sechster Machtzuwachs ist dagegen nicht unproblematisch: jenes Recht eines Verfassungsgerichtes auf abstrakte Normenkontrolle, das Demokratien wie Großbritannien, Schweden und die Schweiz ablehnen. Selbst dort, wo ein Gericht die Befugnis erhält, über die Vereinbarkeit von Gesetzen mit Verfassungsbestimmungen zu entscheiden, hat es sich einem „Ethos der Selbstbindung" zu unterwerfen und sich auf eine kontrollierende Zweitinterpretation zu beschränken. Nicht für die Entscheidung über politische Innovationen zuständig, darf ein Verfassungsgericht nur prüfen, ob sich der Gesetzgeber an die Verfassung hält. Auch dabei ist strenge Zurückhaltung geboten. Wenn ein Gemeinwesen sich als „demokratischer und sozialer" Staat qualifiziert (*Grundgesetz der Bundesrepublik Deutschland*, Art. 20, Abs. 1), aber nur das demokratische Element näher erläutert (Abs. 2), die Bestimmung des Sozialen dagegen offenläßt, so sollte es dem Gesetzgeber überlassen bleiben, nach Maßgabe (a) der Erfordernisse der Zeit, (b) der eigenen, legislativen Möglichkeiten, (c) einer Güterabwägung mit anderen Staatsaufgaben und (d) in Rücksicht auf die Überzeugungen wechselnder Mehrheiten nähere Bestimmungen vorzunehmen. Kein Verfassungsgericht darf ein expansives Selbstverständnis entwickeln, das einer Variante von Platons Philosophenherrschaft, einer Richterherrschaft, auch nur nahekommt.

Statt dessen hat es sich an die ursprüngliche Intention der Verfassungsgerichtsbarkeit zu erinnern, an die Abwehr krassen Unrechts.

VIII. Zur Begründung politischer Gerechtigkeit

Gewöhnlich fragt man bei der politischen Gerechtigkeit nach den Bedingungen, unter denen eine Rechts- und Staatsordnung gerecht ist. Eine gründliche Überlegung hebt aber nicht bei dieser rechts- und staats*normierenden* Gerechtigkeit an. Sie beginnt mit der rechts- und staats*legitimierenden* Gerechtigkeit, nämlich der Frage, warum es überhaupt Recht und Staat geben darf. Immerhin schränken sie die Freiheit der Menschen ein und beanspruchen dabei eine Zwangsbefugnis. Wer eine derartige Herrschaft von Menschen über Menschen rechtfertigt, überwindet zwei sich widerstreitende philosophische Richtungen: einen strengen Anarchismus, der jede Herrschaft für illegitim, und einen strengen Rechts- und Staatspositivismus, der eine beliebige Herrschaft für legitim hält. Für die Überwindung gibt es zwei Argumentationsmuster.

1. Kooperationsmodell (Aristoteles)

Das erste Argumentationsmuster für die legitimierende Gerechtigkeit, das Kooperationsmodell, geht bis in die Antike, namentlich auf Platon (*Politeia*, II 369ff.) und vor allem Aristoteles (*Politik*, I 2), zurück und wird durch Einsichten seitens der philosophischen Anthropologie und Institutionstheorie sowohl bestätigt als auch weiterentwickelt. Es setzt beim Umstand an, daß die Menschen nicht autark, vielmehr wechselseitig aufeinander angewiesen sind: als Neugeborene auf die Hilfe von Erwachsenen und als Ältere und Gebrechliche auf die der erwachsen gewordenen Kinder; zur Fortpflanzung kommen Mann und Frau zusammen; nicht nur in der Wirtschaft erleichtern Arbeitsteilung und Spezialisierung das Überleben und das angenehme Leben; schließlich bedarf der Mensch der gegenseitigen Anerkennung. Insofern die Beziehungen auf Wechselseitigkeit gründen, zeichnen sie sich durch eine elementare, die Kooperation sowohl konstituierende als auch sie legitimierende Gerechtigkeit aus.

Aus drei Grundbeziehungen – Mann und Frau, Eltern und Kinder, Herr und Knecht oder, neutraler, Menschen mit unterschiedlicher wirtschaftlicher Begabung – entsteht die in der Geschichte lange Zeit vorherrschende Grundinstitution, eine Familie, die zugleich eine ökonomische Einheit ist: das Haus (griech. *oikos*). Weil die erwachsenen Kinder ihre eigenen Häuser gründen, wird aus dem Singular ein Plural. Als zweite Kooperationsstufe bildet sich eine Gemeinschaft von Häusern gleicher Abstammung, ein Dorf im Sinne einer Sippe bzw. eines Klans.

Auf der dritten Stufe, dem Rechts- und Staatswesen, besteht das entscheidende Element nicht mehr in den Blutsbanden. Die größere Sozialeinheit kann den Vorteil der Arbeitsteilung und Spezialisierung, den ökonomischen und kulturellen Gewinn, steigern. Vor allem gibt sie aber den gemeinsamen Vorstellungen von Recht und Unrecht und deren gemeinsamer, „öffentlicher" Durchsetzung ein überragendes Gewicht. Damit verschiebt sich die Leitaufgabe. Stand zunächst das Überleben, später das angenehme und sichere Leben im Vordergrund, so werden diese Aufgaben jetzt nicht beiseite geschoben, aber in ihrem Rang zurückgestuft. Die ein Rechts- und Staatswesen legitimierende Gerechtigkeit verbindet die Wechselseitigkeit in der Kooperation mit der Gemeinschaft von Recht und Unrecht.

2. Konfliktmodell (Vertragstheorien)

Das zweite Argumentationsmuster, das Konfliktmodell, ergänzt das Kooperationsmodell. Als Theorie des Gesellschaftsvertrages, kurz: Vertragstheorie, verschärft es die Legitimationsfrage. In den Vertragstheorien geht es nicht um historische Verträge, weder um ausdrückliche noch um stillschweigende Vereinbarungen. Von Thomas Hobbes (*Leviathan*, bes. Kap. 13–18) und John Locke (1632–1704: *Second Treatise of Government / Über die Regierung*) über Jean-Jacques Rousseau (1712–1778: *Le Contrat Social / Der Gesellschaftsvertrag*), und Kant, bis zur neueren Wiederbelebung (s. Abschn. VIII.3-4) ist der Gesellschaftsvertrag ein Gedankenexperiment zu legitimatorischen Zwecken. Sein Gegenstand ist nicht irgendeine Gesellschaft, sondern die „bürgerliche Gesellschaft" (societas civilis, civil society) im staatstheoretischen Sinn: Der Gesellschaftsvertrag besteht in einem politischen Urvertrag, der ein Rechts- und Staatswesen überhaupt rechtfertigt. Drei Gesichtspunkte eines Vertrages sind dafür wesentlich:

Erstens steht es den Beteiligten frei, sich auf ein Rechts- und Staatswesen einzulassen. Gemäß dem Rechtsgrundsatz „volenti non fit iniuria" („Dem Willigen geschieht kein Unrecht") gilt nur ein freiwillig übernommener, „vertraglicher" Zwang als legitim. Damit niemandem Unrecht geschieht, genügt keine auch noch so qualifizierte Mehrheit. Die Vertragstheorie ist eine Konsenstheorie strengster Form. Sie verlangt eine allseitige, freilich nicht historisch-faktische Zustimmung. Vielmehr muß jeder überlegterweise zustimmen können, was bei einem nachprüfbaren „Vorteil für jeden" der Fall ist. Das formale Kriterium der freien Zustimmung geht deshalb in das substantielle Kriterium des nachprüfbaren „Vorteils für jeden", des „distributiven Vorteils", über. Da dieser Vorteil auch der Gesamtheit zukommt, heißt das volle Kriterium: „distributiv-kollektiver Vorteil". Dieser darf nicht zu eng nur ökonomisch verstanden werden. Während Kritiker der Vertragstheorie unterstellen, ihr käme es auf ein selbstsüchtiges Privatinteresse an, zählt in Wahrheit, daß niemand den Interessen anderer, und sei es auch noch so vieler anderer, geopfert werde: Jeder gilt als gleichberechtigte Person.

Um den Vorteil auszuweisen, setzt die Vertragstheorie *zweitens* beim Gegenteil an, einem Zustand absoluter Herrschaftsfreiheit, Naturzustand genannt. Darunter ist nicht die Lebensform sogenannter Naturvölker zu verstehen, sondern ein rechts- und staatsfreies Zusammenleben. Im Besitz voller Handlungsfreiheit, darf jeder seine Zwecke mit beliebigen Mitteln verfolgen. Er hat ein „Recht auf alles", dem „Recht" fehlt aber jede Anerkennung und Sicherung. Da weder Leib und Leben noch Hab und Gut geschützt sind, entpuppt sich das „Recht auf alles" bei näherer Betrachtung als kein Recht auf irgendetwas: als „Recht auf nichts". Eine uneingeschränkte Handlungsfreiheit erweist sich also in sozialer Perspektive als unmöglich. Die Grenzen der menschlichen Freiheit kommen nicht erst von außerhalb der Gesellschaft, von Triebschicksalen, konkurrierenden Bedürfnissen, einer widerspenstigen oder an Gütern knappen Natur. Sie gründen vielmehr im Umstand, daß mehrere handlungs- oder freiheitsfähige Wesen sich denselben Lebensraum miteinander teilen.

Das Kooperationsmodell nennt gute Gründe für ein Zusammenleben. Das Konfliktmodell ergänzt sie um die Einsicht, daß man auch dort zusammenlebt, wo man nicht kooperiert, aber denselben Lebensraum teilt und sich dann gegenseitig die Handlungsfreiheit einschränkt. Die Gerechtigkeit fordert nun, die unvermeidbaren Freiheitseinschränkungen nicht naturwüchsig, nach Maßgabe der jeweiligen Macht- und Drohpotentiale, vorzunehmen, woraus extreme Privilegien und Diskriminierungen entstehen können. Damit im Gegenteil jeder elementarerweise gleich behandelt wird, verzichtet jeder auf das vorgebliche „Recht auf alles" und erhält im Gegenzug entsprechende Freiheiten. Der politische Urvertrag besteht deshalb in einer wechselseitigen Übertragung von Rechten und Pflichten, die um der Gerechtigkeit willen nach Maßgabe derselben Prinzipien, also gemäß allgemeinen Grundsätzen erfolgt.

Das einschlägige Gerechtigkeitsprinzip, das der gleichen Freiheit, formuliert Kant in der *Rechtslehre* (§ B). Sein moralischer Begriff des Rechts nimmt den Kern der Gerechtigkeitsidee, die strenge Unparteilichkeit, auf. Er verbindet das generelle Moralprinzip („allgemeines Gesetz der Freiheit") mit der Anwendungsbedingung von Recht, dem Zusammenleben: „Das Recht ist also der Inbegriff der Bedingungen, unter denen die Willkür des einen mit der Willkür des andern nach einem allgemeinen Gesetze der Freiheit zusammen vereinigt werden kann." Und dieses „Recht der Menschen" hält Kant für den „Augapfel Gottes auf Erden" (*Vorlesung über Pädagogik*, S. 490).

Dieser Grundsatz legitimiert erst das Recht, noch nicht seine öffentliche Ordnung, den Staat. Es überwindet den primären, sowohl rechts- als auch staatsfreien Naturzustand und läßt jenen sekundären, staatsfreien Naturzustand übrig, in dem das Recht noch der Selbsthilfe, das heißt der Privatjustiz, überantwortet bleibt. Zum vollen Begriff des Rechts gehört aber, daß die wechselseitige Freiheitseinschränkung des näheren und zugleich gemeinsam, „öffentlich" bestimmt, daß sie gemeinsam durchgesetzt und daß Streitigkeiten autoritativ geschlichtet werden.

Da das Rechts- und Staatswesen im Inbegriff dieser drei öffentlichen Gewalten, der Gesetzgebung, der Regierung und Verwaltung und des Gerichtswesens, besteht, erweist es sich im Gegensatz zu einem strengen Anarchismus als grundsätzlich legitim. Im Gegensatz zu einem strengen Rechts- und Staatspositivismus darf es aber nicht beliebig gestaltet sein, sondern ist auf das Prinzip der gleichen Freiheit verpflichtet. Die Legitimation von Recht und Staat verbindet sich also mit deren Limitation: Öffentliche Gewalten sind nur insoweit gerechtfertigt, als sie einem nach allgemeinen Gesetzen gestalteten Gemeinwesen dienen. Weil dieses für jeden einzelnen, außerdem für die Gesamtheit von Vorteil ist, kann ihm jeder nach reiflicher Überlegung frei zustimmen. Das aber entspricht einer freien Selbstbeschränkung und genau deshalb der Rechtsfigur eines (Gesellschafts-)Vertrags.

Gemäß dem Rechtsgrundsatz „Verträge sind einzuhalten" (pacta sunt servanda) ist man *drittens* nach Abschluß des Vertrages an ihn gebunden.

Die Vertragstheorie insgesamt zeigt den streng subsidiären Charakter des Staates: Er dient seinen Bürgern, namentlich der Grammatik ihres Zusammenlebens, dem Recht. Und umgekehrt muß der Staat als eine Institution der Bürgerschaft seine Notwendigkeit beweisen, sowohl generell als auch im Einzelfall. Die neuerdings vielbeschworene Zivil- bzw. Bürgergesellschaft besteht darin, daß die Bürger als einzelne und in ihren institutionellen Zusammenhängen (Familien, Nachbarschaften, Betrieben, Vereinen, Verbänden, Bürgerbewegungen ...) ihre Sache so weit wie möglich selbst in die Hand nehmen, teils in der politischen Mitwirkung, der partizipatorischen Demokratie, teils in jener Rückverlagerung staatlicher Aufgaben in die Gesellschaft, die man die Re-Sozialisierung des Staats oder die De-Etatisierung der Gesellschaft nennen kann. Dabei leisten die vornehmste Entlastung des Staates jene Personen und Gruppen, die keine Forderungen an den Staat richten, die sie selber erfüllen können.

3. Gerechtigkeit als Fairneß (Rawls)

Die wirkungsmächtigste Wiederbelebung der Vertragstheorie unternimmt John Rawls (1921–2002). Nach seiner *Theorie der Gerechtigkeit* (1971) besitzt jeder Mensch eine Unverletzlichkeit, die auch im Namen des Wohlergehens der ganzen Gesellschaft nicht aufgehoben werden darf. Des näheren entwickelt Rawls zwei Gerechtigkeitsgrundsätze, zeigt, wie sie sich in einen Vier-Stufen-Gang näher bestimmen lassen, skizziert eine Theorie des bürgerlichen Ungehorsams und eine dreistufige Entwicklung des Gerechtigkeitssinnes, und sein Werk endet mit Überlegungen zum Vorteil von Gerechtigkeit.

Weil sich Rawls dabei der Theorien rationaler Wahl (Entscheidungs- und Spieltheorie) bedient, gewinnt er auf die Wirtschafts- und Sozialwissenschaften weltweit einen großen Einfluß. Nach dem Grundgedanken der rationalen Wahl verfolgt man zwar das Gegenteil von Gerechtigkeit, eine Maximierung des Selbstinteresses. Rawls entwirft aber eine Wahlsituation, den Urzustand („original position"), in dem man sich notgedrungen unparteiisch, folglich gerecht entscheidet. Schon weil es um Grundsätze geht, außerdem um gesellschaftliche Grundgüter, die jedermann braucht, kommt eine subsidiäre Gerechtigkeit, die Gleichbehandlung, zustande: Alle Fälle werden nach denselben Regeln zweiter Stufe entschieden, und alle Menschen dürfen ihren eigenen Lebensplänen folgen. Schließlich sorgt ein „Schleier des Nichtwissens" („veil of ignorance") für eine Wahl, bei der niemand von gesellschaftlichen Umständen oder Zufällen der Natur beeinflußt wird. Weil die Gerechtigkeitsgrundsätze, die unter diesen Bedingungen gewählt werden, jedem einzelnen einen möglichst großen Vorteil geben, spricht Rawls von „Gerechtigkeit als Fairneß".

Seine zwei Gerechtigkeitsgrundsätze lauten: „1. Jedermann hat gleiches Recht auf das umfangreichste Gesamtsystem gleicher Grundfreiheiten, das für alle möglich ist. 2. Soziale und wirtschaftliche Ungleichheiten müssen so beschaffen sein, daß sie (a) unter der Einschränkung des gerechten Spargrundsatzes den am wenigsten Begünstigten den größtmöglichen Vorteil bringen und (b) mit Positionen und Ämtern verbunden sind, die allen gemäß fairer Chancengleichheit offenstehen." Beide Grundsätze zusammen rechtfertigen einen liberalen und sozialen Rechtsstaat, eine konstitutionelle Demokratie, in die eine Wettbewerbswirtschaft eingebunden ist. Während die Grundsätze 1 und 2b unstrittig sind, ist der Grundsatz 2a, das sogenannte Unterschiedsprinzip („difference principle"), umstritten, zwar nicht die im Spargrundsatz verlangte Gerechtigkeit gegen künftige Generationen, wohl aber die Forderung, daß wirtschaftliche Ungleichheiten letztlich den am wenigsten Begünstigten zugute kommen müssen.

Während Rawls auf Sozialstaatlichkeit Wert legt, verteidigt ein Gegenspieler, Robert Nozick (1938–2002), den Nachtwächterstaat des klassischen Liberalismus. Unter Rückgriff auf Locke hält er jede Sozialstaatlichkeit für unberechtigt, sofern sie nicht aus korrektiver Gerechtigkeit geboten ist. In Nozicks Anspruchstheorie („entitlement theory") kommt die Grundlagendebatte zu kurz. Indem sie den ursprünglichen Erwerb von Besitz als Aneignung herrenloser Gegenstände auffaßt, erklärt sie stillschweigend die unberührte Natur zu einem herrenlosen Gut, das durch Besitzergreifung und Verarbeitung zu Eigentum werde. Mindestens ebenso einleuchtend ist aber die Annahme, die Natur sei das ursprüngliche Eigentum der ganzen Menschheit, weshalb jede Besitzergreifung und Verarbeitung nur den Rang einer sekundären, nicht primären Aneignung habe. Dieser alternativen Auffassung zufolge kommt der Menschheit als ganzer, einschließlich der künftigen Generationen, ein (kollektives) Vor-Recht, ein „Teilhaberrecht" an der Erde und ihren Früchten, zu.

4. Gerechtigkeit als Tausch

Für Rawls ist die Gerechtigkeit vor allem eine Verteilungsaufgabe. Weil das zu Verteilende aber nicht wie das Manna vom Himmel fällt, sondern allererst zu erarbeiten ist, legt sich ein anderes Verständnis nahe, ein Paradigmenwechsel, der von der Wechselseitigkeit oder, pars pro toto, vom Tausch ausgeht (s. Höffe, *Politische Gerechtigkeit*, 1987) und als notwendige Ergänzung die korrektive Gerechtigkeit anerkennt. Der Neuansatz beim Tausch hat schon den argumentationsstrategischen Vorteil, daß die Verteilungsprinzipien umstritten sind, der Grundsatz der Tauschgerechtigkeit, die Gleichwertigkeit im Nehmen und Geben, dagegen nicht. Man darf allerdings keinen zu engen, nur ökonomischen Tauschbegriff haben. Außer materiellen Vorteilen gibt es nämlich auch ideelle: Sicherheit, Macht, Anerkennung, vielleicht auch Selbstachtung, insbesondere auch Freiheiten und Chancen der Selbstverwirklichung. Außerdem darf man nicht mit jenem zu „ungeduldigen" Tauschbegriff arbeiten, der Phasenverschiebungen im Tausch vernachlässigt.

Ausgehend von der anthropologischen Tatsache, daß der Mensch sowohl am Anfang des Lebens als auch in der Regel am Ende hilflos ist, kann man die Hilfeleistungen, die man nach der Geburt und beim Heranwachsen erfährt, später durch eine Hilfe für die Älteren „wiedergutmachen". Entwicklungsgeschichtlich gesehen findet dieser Tausch zunächst innerhalb der Familie und Großfamilie statt. Er entspricht einem (stillschweigenden) Vertrag zwischen Eltern und Kindern, der über eine phasenverschobene und doch wechselseitige Hilfe abgeschlossen wird. Bei einem hinreichend weiten Begriff erweist sich der Tausch als die weder maternalistische noch paternalistische, vielmehr geschwisterliche, insofern auch demokratische Form der Zusammenarbeit.

Auf dieser Grundlage wird der rechts- und staatsfreie Zustand, der für alle und jeden nachteilige Naturzustand unvermeidlicher Freiheitskonflikte, durch einen politischen Urvertrag überwunden, der den Charakter eines sowohl negativen als auch (relativ) transzendentalen Tausches hat. Er ist negativ, weil er im wechselseitigen Verzicht auf Gewaltausübung besteht, und er ist (relativ) transzendental, weil er auf einer für alle Menschen unaufgebbaren, das Menschsein allererst ermöglichenden Ebene stattfindet. Dabei richtet er sich auf Regeln, also etwas genuin Soziales, deren Anerkennung aber nicht bloß dem kollektiven Wohl, sondern auch jedem einzelnen zugute kommt. Infolgedessen erfüllt er das Elementarkriterium für Gerechtigkeit: den distributiv-kollektiven Vorteil. Unter den kollektiv vorteilhaften Regeln kommt es nämlich auf diejenigen an, die jeden einzelnen bevorteilen. Diese zweifellos anspruchsvolle Bedingung wird dort erfüllt, wo man noch hinter Rawls' Kriterium, die gesellschaftlichen Grundgüter, zurückgeht und sich erstens auf transzendentale Interessen: die Bedingungen der Möglichkeit von Handlungsfähigkeit und Handlungsfreiheit richtet, und dabei zweitens die

Interessen herausgreift, die nur in und durch Gegenseitigkeit erfüllt werden.

Auch durch den transzendentalen Tausch wird zunächst nur der primäre Naturzustand überwunden, indem elementare Rechte begründet werden, die Menschenrechte als Freiheitsrechte und als freiheitsfunktionale Sozialrechte. Der verbleibende sekundäre Naturzustand wird erst in jenem zweiten Tausch überwunden, der den Staat als „Schwert der Gerechtigkeit", als Inbegriff der zur Gerechtigkeit subsidiären öffentlichen Gewalten, begründet. In beiden Vertrags- bzw. Tauschstufen wird die übliche Alternative „Egoismus oder Altruismus" überwunden. Weil der persönliche Vorteil zählt, bedarf es keines Altruismus, und weil der Vorteil nur gemeinsam zustande kommt, scheidet ein Egoismus aus, der die Menschen als bloße Konkurrenten ansieht. Statt dessen herrscht eine interessegeleitete Kommunikation. (Zur Tauschgerechtigkeit s. auch Abschn. IX. 3.)

IX. Mittlere Prinzipien: Menschenrechte

1. Menschenrechte und Grundrechte

Das Prinzip der gleichen Freiheit verpflichtet einerseits jeden Rechtsgenossen, universale Bedingungen von Freiheitskoexistenz anzuerkennen, und andererseits jedes Gemeinwesen, die Anerkennung zu sichern. Die Rechtsgenossen haben die Bedingungen zu gewähren, der Staat hat sie zu gewährleisten. Die universalen Bedingungen haben, von der einzelnen Rechtsperson her gesehen, nicht etwa nur den Rang von „Bürgerrechten", die lediglich der jeweiligen Bürgerschaft zukommen. Es sind vielmehr Menschenrechte: Rechte, die jeder Mensch, bloß weil er Mensch ist, unverlierbar verdient und die in diesem rechtsmoralischen, nicht biologischen Sinn angeborene, natürliche, unveräußerliche und unverletzliche Rechte heißen.

Die Menschenrechte gründen nicht in freiwilligen Handlungen einer sozialen oder politischen Gnade. Es sind Ansprüche, die die Rechtsgenossen sich gegenseitig und die subsidiär die Rechts- und Staatsordnung allen Menschen schuldet. Auf ihre Positivierung in der Form von Grundrechten oder aber von fundamentalen Staatszielen darf kein Gemeinwesen, auch keine internationale Rechtsordnung verzichten. Sie haben daher zwei sich ergänzende, methodisch aber grundverschiedene Existenzweisen. Innerhalb der geschuldeten Moral, der Gerechtigkeit, sind sie „nur Menschenrechte": überpositive Ansprüche, die aber, sobald man sie positivrechtlich anerkennt, zu „Menschenrechten als Grundrechte" eines positiven Gemeinwesens werden.

Ein Teil dieser Rechte hat sich sogar als für die Definition des Rechts unverzichtbar erwiesen (Abschn. III. 1). Denn ohne einen gewissen Schutz von Rechtsgütern wie Leib und Leben, Eigentum und Ehre läßt sich das Recht von organisierter Kriminalität nicht begrifflich unterscheiden. Das entsprechende vom Strafrecht geschützte Minimum von Menschenrechten gehört schon zur rechtsdefinierenden Gerechtigkeit: Eine Teilanerkennung der Menschenrechte hat rechtsdefinierenden, eine Vollanerkennung rechtsnormierenden Charakter.

2. Ein Blick in die Ideengeschichte

Nach einem verbreiteten Topos gründen die Menschenrechte in Gedanken, die für die jüdisch-christliche Offenbarung und das griechisch-römische Denken spezifisch sind. Träfe diese Ansicht zu, müßte einerseits unser Kulturraum sehr viel früher ein affirmatives Verhältnis zu den Menschenrechten einnehmen, und wären diese Rechte andererseits, ihrem Begriff *Menschen*rechte zum Trotz, an eine bestimmte Kultur gebunden, folglich nicht allen Kulturen zuzumuten. Tatsächlich verläuft die Geschichte komplexer. Insbesondere gibt es in anderen Kulturen so klare Bausteine für den Gedanken der Menschenrechte, daß der Westen nicht als ihr einziger Treuhänder gelten darf.

Einen ersten Baustein enthält das Strafrecht, das in so gut wie allen Kulturen gewisse Rechte menschenrechtlicher Dignität schützt. Ein weiterer Baustein zeichnet sich in jener Kritik ungerechter Herrschaft ab, die weit in die Frühzeit zurückreicht, etwa zum *Gilgamesch-Epos* (etwa 2000 v. Chr.), das den Titelhelden, den König von Urduk, auffordert, seine Macht nicht zu mißbrauchen, oder zum indischen Nationalepos *Mahabharata* (16. Jh. v. Chr.), das vom Herrscher verlangt, sein Volk mit allen Mitteln zu schützen. Noch einschlägiger ist drittens eine konfuzianische Ansicht, der auf den zweitwichtigsten Klassiker, Mong Dsi (Meister Meng, 4. Jh. v. Chr.), zurückgehende Gedanke, jeder Mensch besitze eine ihm angeborene Würde. Besonders eindrucksvoll ist viertens ein Bund der Irokesen (erste Hälfte des 15. Jahrhunderts), der mehr als drei Jahrhunderte vor der ersten westlichen Menschenrechtserklärung alle Mitglieder der irokesischen Stämme als persönlich frei und in ihren Privilegien und Rechten gleich erklärt (vgl. Morgan, *League of the Iroquis*, 1851). Ferner sagt der *Koran* (Sure 2, 257) gegen die Gefahr religiöser Intoleranz: „In der Religion soll kein Zwang ausgeübt werden." Nicht zuletzt darf man die westafrikanische Konsensdemokratie, die Institution des Palavers, nicht vergessen.

Aus zwei weiteren Gründen darf man den Beitrag von Judentum und Christentum für die Menschenrechte nicht zu hoch veranschlagen. Einerseits erklärt das Alte Testament zwar jeden Menschen zum Ebenbild Gottes, relativiert aber das Menschenrechtspotential dieses Gedankens durch die Ansicht, es gebe ein einziges auserwähltes Volk. Andererseits universalisiert das Christentum den Gedanken der Auserwählung, zieht daraus aber keine Rechtskonsequenzen, läßt vielmehr das Institut der Sklaverei und die Rechtsungleichheit der Frau bestehen. Und der für die Menschenrechte unverzichtbare Begriff des subjektiven Rechts geht zwar auf das Mittelalter, aber nicht auf dessen genuin christliches Denken, sondern auf die humanistische Jurisprudenz des 12. Jahrhunderts zurück. Der dort nur beiläufig verwendete Begriff erhält freilich keinen fundamentalen, die Rechts- und Staatsordnung ebenso rechtfertigenden wie begrenzenden Rang. Zusammen mit den jüdischen und christlichen Elementen gehört er nur zur Vorgeschichte der Menschenrechte.

In der Hauptgeschichte wirken zwei Gesichtspunkte zusammen. Auf eine vielfältige sozialgeschichtliche Herausforderung bieten die Menschenrechte eine ebenso vielfältige Antwort oder Therapie. Vor der Reformation streiten die Häretiker mit der offiziellen Kirche, seit der Reformation die verschiedenen Konfessionen untereinander um den Anspruch auf das wahre Christentum, woraus das Problem der Religionsfreiheit entsteht. Weiterhin tritt der Versuch, den eigenen Wahrheitsanspruch gewaltsam durchzusetzen, in Konkurrenz mit dem Überlebensinteresse der anderen, was auf das Recht auf Leib und Leben verweist. Nicht zuletzt werden Länder wie Deutschland während des Dreißigjährigen Krieges zum Kriegsschauplatz fremder Mächte, so daß schon in der Alten Welt ein Recht auf dem Spiel steht, das in der Neuen Welt, durch deren Kolonialisierung, noch kräftiger verletzt wird: das der politischen und kulturellen Selbstbestimmung. In die Antwort auf diese Aufgaben fließt ohne Zweifel christliches Gedankengut ein. Die entscheidenden Begriffe heißen aber nicht Gottebenbildlichkeit oder unendlicher Wert der durch Christi Heilswirken erlösten Person, sondern Naturzustand und Gesellschaftsvertrag, Handlungsfreiheit und Wechselseitigkeit bzw. Goldene Regel.

Obwohl die erste Erklärung der Religionsfreiheit (1572) in den Niederlanden auch den Katholiken zugute kommt, herrscht im Katholizismus über viele Jahrhunderte die Ablehnung vor. Noch der Papst, dem die katholische Soziallehre tiefgreifende Veränderungen verdankt, Leo XIII., sieht in den Menschenrechten einen Geist des Umsturzes am Werk (*Immortale Dei*, 1.11.1885). Auch der Protestantismus verurteilt den Geist der Moderne und verharrt zum überwiegenden Teil in Distanz zu den Menschenrechten. Und noch Karl Marx hebt in der frühen Abhandlung *Zur Judenfrage* (1844) vor allem auf die Eigentumsrechte ab und übersieht die weiteren Freiheitschancen der Menschenrechte, mit Ausnahme der Religions- und Glaubensfreiheit, der er zustimmt.

3. Freiheitsrechte, Sozial- und Kulturrechte, Mitwirkungsrechte

Über die Feinbestimmung der Menschenrechte wird bis heute gestritten, über die Grundbestimmungen aber kaum. Seit ihren griechischen Anfängen weiß die philosophische Anthropologie, daß die Handlungsfähigkeit an dreierlei gebunden ist, sichtbar in drei Grundbestimmungen, die auf jeden Menschen jeder Kultur zutreffen: Jeder ist (1) ein Leib- und Lebewesen (*zôon* bzw. animal), das (2) sich durch Denk- und Sprachfähigkeit auszeichnet (*zôon logon echon* bzw. animal rationale) und (3) der Gemeinschaft mit ihrer politischen Ordnung bedarf (*zôon politikon* bzw. animal sociale). Weil die beiden ersten Bestimmungen an negative und positive Vorbedingungen gebunden sind, lassen sich drei Hauptgruppen von Menschenrechten unterscheiden: negative Freiheitsrechte, positive Freiheitsrechte bzw. Sozial- und Kulturrechte und (demokratische) Mitwirkungsrechte.

Die negativen Freiheitsrechte lassen sich über den genannten Gedanken eines transzendentalen Tausches leicht begründen: Da der Mensch sowohl verletzbar als auch gewaltfähig ist, kann er sowohl ein Täter der die Handlungsfähigkeit bedrohenden Gewalt als auch ihr Opfer sein. Um trotzdem sein transzendentales Interesse an Handlungsfähigkeit zu wahren, muß er sich auf einen wechselseitigen Verzicht einlassen, der einem Tausch entspricht und die zuständigen Menschenrechte begründet: Verzichtet jeder auf Körperverletzung und Töten, so wird jedem das Recht auf Leib und Leben gewährt. Indem jeder die Religionsausübung der anderen nicht behindert, erhält er das Recht auf Religionsfreiheit usw. Auf den absolutistischen Staat fixiert, versteht man die Freiheitsrechte zwar vornehmlich als Abwehrrechte gegen den Staat. Tatsächlich gewähren sie sich aber die Rechtsgenossen selbst, während der Staat lediglich die subsidiäre, freilich auch unverzichtbare Aufgabe des Gewährleistens übernimmt.

Gewaltverzichte allein ermöglichen die Handlungsfähigkeit noch nicht. Zur realen Freiheit braucht es auch positive Leistungen: Güter, Dienstleistungen und Chancen. Soweit sie, teils als Sozial-, teils als Kulturrechte, für die Freiheit so gut wie unverzichtbar sind, haben sie den Rang positiver Freiheitsrechte und stehen menschenrechtlich gesehen den negativen Freiheitsrechten nicht nach. Gleichwohl unterscheiden sie sich von ihnen erheblich: Weil es nicht mehr auf negative Leistungen, auf Verzichte, sondern auf positive Leistungen ankommt, sind sie dem Problem der Knappheit unterworfen. Im Gegensatz zu den negativen Freiheitsrechten können sie nicht unter allen Umständen eingefordert werden. Deshalb dürfte es angemessener sein, die positiven Freiheitsrechte weniger als subjektiv einklagbare Individualrechte denn als programmatische Forderungen, als Staatsziele, zu behandeln und es dem Gesetzgeber zu überlassen, sie nach Maßgabe der jeweiligen Möglichkeiten näher auszugestalten.

Weiterhin müssen die Leistungen nicht von allen Menschen erbracht werden. Sobald ein einziger den Gewaltverzicht gegen einen anderen verweigert, ist eo ipso dessen Leib und Leben gefährdet. Verweigert dagegen jemand die Leistungen, so können andere in der Regel ohne Schwierigkeit einspringen. Deshalb stellt sich die Anschlußfrage, bei wem die Bringschuld liegt. Darauf läßt sich mit „natürlichen Leistungserbringern" antworten. Beispielsweise sind für Kinder primär ihre Eltern zuständig; denn sie haben sie ohne deren Zustimmung als hilfsbedürftige Wesen in die Welt gesetzt.

Trotz dieser und weiterer Unterschiede stimmen die positiven mit den negativen Freiheitsrechten im Legitimationsmuster, dem transzendentalen Tausch, überein: Gewisse Zuwendungen sind so elementar, daß sie teils zum bloßen Überleben, teils zur selbstverantwortlichen Handlungsfähigkeit unverzichtbar sind. Weil die Zuwendungen asymmetrisch, von den Hilfsfähigen zu den Hilfsbedürftigen, erfolgen, scheint zwar die zweite Legitimationsbedingung, die Wechselseitigkeit, zu fehlen. Das ändert sich jedoch, sobald man auf Phasenverschiebungen achtet.

Weil sich die politische Herrschaft nur von den Betroffenen her rechtfertigt (s. Kap. VIII), haben diese das Recht auf Teilhabe an der politischen Herrschaft, sei es unmittelbar bei Wahlen und Abstimmungen, sei es vermittelt über gewählte Vertreter. Infolgedessen gibt es eine dritte Gruppe von Menschenrechten, die (demokratischen) Mitwirkungsrechte.

Einige Menschenrechte seien exemplarisch hervorgehoben:
(1) Offensichtlich verbieten die negativen Freiheitsrechte die Sklaverei, einschließlich Leibeigenschaft und Erbuntertänigkeit, ferner die Zwangsarbeit.

(2) Ebenso offensichtlich illegitim sind Diskriminierungen aus Gründen von Rasse, Hautfarbe und Geschlecht, von Religion, politischer Überzeugung und sozialer Herkunft. Insbesondere verbietet sich eine ungleiche Entlohnung von Mann und Frau.

(3) Gemäß dem negativen Freiheitsrecht auf die Integrität von Leib und Leben ist eine Arbeit illegitim, die die Gesundheit schädigt: aufgrund der Lärm-, Licht- oder Luftverhältnisse, durch Dünste oder Strahlen, auch durch eine erschöpfende und abstumpfende Arbeitsweise oder durch die übermäßige (tägliche, wöchentliche und jährliche) Arbeitsdauer. In einem weiteren Sinn gehört hierhin auch das Verbot der Kinderarbeit.

(4) Aus dem Recht auf persönliches Eigentum folgt das Verbot einer willkürlichen und entschädigungslosen Enteignung.

(5) Aus einem elementaren Sozialrecht, dem auf Überleben, ergeben sich Mindestlöhne. Deren nähere Bestimmung hängt allerdings von regionalen Faktoren wie Lebenshaltungskosten und üblichem Lebensstandard sowie den jeweiligen Ressourcen ab.

(6) Zu den elementaren Sozialrechten gehören auch elementare Vorkehrungen hinsichtlich Familienstatus, Krankheit, Unfall, Arbeitslosigkeit und Alter. Erneut sind regionale Unterschiede anzuerkennen: Wo Solidargemeinschaften wie Fa-

milien, Sippen oder Zünfte noch lebendig sind, ist weniger einzufordern als dort, wo sie wegen einer Individualisierung des Lebens an Kraft verloren haben. Auch darf man nicht übersehen, daß Sozialleistungen nicht bloß die Entmachtung von Solidargemeinschaften kompensieren, sondern sie auch verursachen können. Im übrigen sind auch berechtigte Sozialleistungen nur in Ausnahmefällen ohne Gegenleistung, als Geschenk berechtigt. Denn im Unterschied zur Menschenliebe ist die Gerechtigkeit auf Wechselseitigkeit ausgelegt. Im Rahmen seiner Möglichkeiten ist deshalb kommunale Arbeit des Sozialhilfeempfängers nicht unangemessen, zumal sie seine Selbstachtung – man verdient sich die Hilfe – steigern kann.

(7) Die Vereinigungs- und die Koalitionsfreiheit gebieten, Gewerkschafts-, Berufs- und Unternehmensverbände zuzulassen.

(8) Wichtig ist ein Sozialstandard zugunsten der künftigen Generationen. Er darf aber nicht auf ökologische Themen verengt werden, muß vielmehr soziale und kulturelle Ressourcen miteinschließen. Nach dem Prinzip intergenerationeller Gerechtigkeit darf keine Generation mehr an Ressourcen verbrauchen, als sie an Äquivalenten oder Substituten hervorbringt. Und der exzessive Verbrauch nicht oder aber schwer regenerierbarer Ressourcen ist ganz zu beenden.

(9) Solange die Berufsarbeit den Regelfall bildet, um für sich und seine Familie einen angemessenen Lebensunterhalt zu gewinnen, solange sie darüber hinaus wichtige Chancen zur Selbst- und Fremdachtung sowie der Selbstverwirklichung bietet, die Chance zur Berufsarbeit aber von der Ausbildung abhängt, sind allen Menschen angemessene Ausbildungschancen zu gewährleisten. Überdies ist die Wirtschafts- und die Steuerpolitik auf die Verringerung der Arbeitslosigkeit zu verpflichten.

Innerhalb der Menschenrechte sind mindestens drei Schichten zu unterscheiden: (a) Menschenrechte tout court, die für jeden Menschen zu jeder Zeit seines Lebens aktuell sind; (b) (lebens-)phasenbezogene Menschenrechte, wie die Rechte von Kindern und die von älteren Menschen, die lediglich in der betreffenden Lebensphase von Belang sind; und (c) paradoxerweise sogar kulturabhängige Rechte. Kulturabhängig ist aber nicht die Legitimationsgrundlage, sondern lediglich die Ausgestaltung. Innerhalb einer Kultur, deren Gemeinschaftsbewußtsein so stark wie in manchen Teilen Schwarzafrikas ausgebildet ist, könnte als ein Verstoß gegen die Menschenrechte angesehen werden, was im Westen als legitime Strafe gilt, nämlich jemanden für viele Jahre hinter Gittern zu isolieren. Unter besonderen Bedingungen kann sich sogar Recht in Unrecht verkehren. Eine Lebensform wie die Polygamie erscheint wegen der Gleichberechtigung von Mann und Frau als kompromißlos verboten und könnte trotzdem in einer Ethik der Sippensolidarität einen legitimen Platz haben, etwa um Frauen einzubinden, die andernfalls ledig blieben, was anscheinend für eine Frau in einigen schwarzafrikanischen Kulturen schwer vorstellbar ist. Hier erlauben die Menschenrechte eine Identität in Verschiedenheit (s. Kap. XIII).

X. Strafgerechtigkeit

Auch das Strafrecht liefert gegen einen empirischen Kulturrelativismus einen klaren Gegenbeleg. Die Art des Strafens fällt zwar je nach Gesellschaft und Epoche höchst verschieden aus. Daß Gemeinwesen überhaupt eine Strafbefugnis beanspruchen, findet sich aber in so gut wie allen Kulturen. Nur wenig zugespitzt betrachtet ist das Strafrecht samt Strafgerichten und Strafverfahren eine Gemeinsamkeit der Menschheit, ein die Gesellschaften und Epochen übergreifendes Universale. Universal ist auch ein Großteil der strafbaren Handlungen. Tötungs-, Eigentums- und Ehrdelikte, das Verbot von Brandstiftung, Maß-, Gewichts- und Urkundenfälschung, Sexualdelikte selbst strafbare Handlungen gegen die Umwelt, sind so gut wie überall bekannt.

1. Strafe definieren

Radikale Kritiker halten das Strafrecht für eine sanktionierte Rache. Andere sehen in kriminellen Handlungen Entladungen von Aggressionen, für die letztlich nicht der Täter, sondern die Gesellschaft verantwortlich sei. „Ideologiekritiker", die das Strafrecht für ein Racheinstitut der Gesellschaft halten, übersehen die elementare Gerechtigkeitsleistung einer öffentlichen, staatlichen Strafe: Vom Gesetzgeber festgelegt, vom Richter angewandt und von der Exekutive vollzogen, dabei auf strenge inhaltliche und prozedurale Regeln verpflichtet, tritt das Strafrecht jener privaten Rache, einschließlich Blutrache, Fehde und Privatjustiz, entgegen, die erlittenes Unrecht auf eigene Faust vergilt und von Haßgefühlen geleitet häufig im Übermaß reagiert.

Eine staatliche Strafe zieht allerdings oft gesellschaftliche Zusatzstrafen nach sich. Der Verurteilte verliert seine bisherigen Freunde und Bekannten, gewinnt nur schwer neue und hat Mühen, eine Arbeit zu finden. Außerdem werden nicht selten Personen geächtet, die aus guten Gründen freigesprochen wurden. Nicht zuletzt werden oft sogar die Familienmitglieder, also Unschuldige, mitbestraft. Weder berechtigt noch unparteiisch, weder autorisiert noch kontrolliert, sind derartige Zusatzstrafen klarerweise ungerecht. Weil demgegenüber das staatliche Strafrecht zumindest einen Gewinn an Gerechtigkeit erbringt, befassen sich die meisten Debatten nicht mit der Abschaffung der Strafbefugnis, wohl aber mit den sie rechtfertigenden Strafzwecken. Vier Grundformen stehen im Mittelpunkt: (1) die Vergeltung, (2) die negative Vorkehrung bzw. Prävention, die Abschreckung, (3) die positive Prävention (Rechtstreue, Rechtsvertrauen, Befriedung) und (4) die Wiedereingliederung in die Gesellschaft, die Resozialisierung.

Als ein primitiver Racheinstinkt der Gesellschaft verfemt, gerät die Vergeltung immer wieder ins Kreuzfeuer der Kritik und mit ihr so bedeutende Philosophen wie Kant und Hegel, da sie eine Vergeltungstheorie vertraten. Schon vom Begriff her hat aber die Kriminalstrafe einen Vergeltungscharakter.

Denn sie ist erstens und trivialerweise ein Übel, das zweitens – etwa im Unterschied zu einer Zahnbehandlung – aufgezwungen wird. Weiterhin erfolgen Kriminalstrafen nach einer Rechtsübertretung und ihretwegen. Zu ihrem Begriff gehören folglich drittens – im Unterschied zu Quarantänemaßnahmen – ein anspruchsloseres Danach und viertens – im Gegensatz zu Naturkatastrophen oder Steuerforderungen – das anspruchsvollere Deswegen. Und genau deshalb ist die Strafe eine Vergeltung im ursprünglichen und zugleich neutralen Sinn. Etymologisch mit „Geld" verwandt, verweist der Ausdruck „Vergeltung" auf eine Grundform menschlichen Verkehrs, den Tausch. Vergeltung heißt jede Gegenleistung für empfangene Dienste, jedes Zurückzahlen, das im Falle positiver Dienste in einem Entgelt und nur im Fall negativer Dienste in einem Heimzahlen eines Übels oder einer Strafe besteht.

2. Strafe normieren

Der neutrale Vergeltungsbegriff enthält schon ein wichtiges Element von Strafgerechtigkeit: das Verbot, Unschuldige zu bestrafen. Als Schuldprinzip gilt es sogar kategorisch und ausnahmslos; Kompromisse mit dem kollektiven Wohlergehen oder der Staatsräson läßt das Verbot nicht zu: Nur wer objektiv gesehen eine (gravierende) Rechtsverletzung begeht und für sie persönlich (subjektiv) verantwortlich ist, darf bestraft werden.

Das staatliche Strafen darf auch vorbeugend (präventiv) wirken. Nach einem Grundsatz, der schon von Aufklärern wie Montesquieu und Cesare Beccaria (1738–1794) vertreten worden ist, dem strafrechtlichen Gesetzesvorbehalt „nullum crimen, nulla poena sine lege" („kein Verbrechen, keine Strafe ohne Gesetz"; vgl. *Strafgesetzbuch*, § 1; sogar *Grundgesetz*, Art. 103, Abs. 2), muß die Regel, auf deren Verletzung Strafe erfolgt, vorab bekannt und zugleich wohldefiniert sein. Mit seinen vier Verboten: dem Verbot von Gewohnheitsrecht, dem Rückwirkungsverbot, dem Analogieverbot und dem Verbot von unbestimmten Strafgesetzen, schützt der Grundsatz alle

Bürger vor staatlicher Willkür. Und schon wegen dieses Grundsatzes entfaltet die Strafe, obwohl sie im nachhinein erfolgt, unvermeidlich eine vorbeugende Kraft. Sie dient also dem zweiten und dritten Strafzweck. Einerseits leistet sie Abschreckung, indem sie potentiellen Rechtsbrechern Angst vor Strafe einjagt und sowohl die Gefahr gefährlicher Nachahmungsversuche als auch Sogwirkungen mindert. Andererseits ermuntert das Strafrecht, insofern es durchgesetzt wird, zur Rechtstreue, es stärkt das Vertrauen in das Recht und dient der rechtlichen Befriedung.

Dieser doppelten, negativen und positiven, Prävention hält man gern zugute, daß sie in die Zukunft blickt, statt wie die Vergeltung in die Vergangenheit. Gerechtigkeitstheoretisch liegt darin aber kein Vorteil. Als Antwort auf eine vergangene Rechtsverletzung bleibt nämlich auch die präventiv verstandene Strafe eine Vergeltung im neutralen Verständnis. Die Prävention ist dagegen sowohl eine unvermeidbare als auch begrüßenswerte Nebenwirkung. Der utilitaristische Satz „punitur ne peccetur" („Bestraft wird, damit das Recht nicht verletzt werde") setzt immer den vergeltungstheoretischen voraus: „punitur quia peccatum est" („Bestraft wird, weil das Recht verletzt worden ist"): Eine Strafe – so auch die allgemeine Vergeltung – ist nur dann gerecht, wenn sie nach einem gravierenden Rechtsverstoß und seinetwegen erfolgt.

Noch in einer zweiten Hinsicht hat eine gerechte Strafe Vergeltungscharakter: beim Maß der Strafe. Vorausgesetzt ist allerdings, daß man die (Wieder-)Vergeltung (ius talionis) nicht im wörtlichen Sinn als „Auge um Auge, Zahn um Zahn" (*Exodus* 21, 24) und „Blut um Blut" (z.B. Aischylos, *Orestie*, Teil II, Verse 274 und 312f.), sondern lediglich formal versteht:

Eine gerechte Strafe richtet – so die spezielle Vergeltung – ihr Maß an der Schwere der Tat aus. Weder wird sie zum Zweck der Abschreckung „ein Exempel statuieren" und härter bestrafen, als es das Verbrechen nach seiner objektiven Seite, der Schwere des Unrechts, und der subjektiven Seite der Schuld verdient. Noch wird es, zumal bei schweren Verbrechen, dort auf eine Strafe verzichten, wo die Abschreckung überflüssig geworden ist, da sich der Verbrecher beispielsweise seit langem rechtstreu verhalten hat.

Der (neutrale) Vergeltungsgedanke läßt die Art der Strafe und des Vollzuges unbestimmt. Deshalb können die anderen Strafzwecke ergänzend hinzutreten: Mit der Verhinderung von Straftaten und der Stärkung der Rechtstreue dient die doppelte Prävention dem gerechtigkeitsgebotenen Leitziel, der Aufrechterhaltung der Rechtsordnung. Und wenn sich der Rechtsbruch nicht hat verhindern lassen, so ist alles zu unternehmen, um einen Rückfall des Rechtsbrechers zu verhindern und ihm eine neue Chance der gesellschaftlichen und beruflichen Eingliederung zu eröffnen.

Das Strafrecht unterscheidet sich vom zivilrechtlichen Ausgleich und darf trotzdem nicht bloß auf den Täter, aus einem Gerechtigkeitsgrund muß es auch auf das Opfer blicken. Weil das Gemeinwesen die Privatjustiz rigoros verbietet, muß es in deren legitime Aufgaben eintreten: daß ein schuldiger Täter die verdiente Strafe erhält und daß ein Opfer so weit wie möglich entschädigt wird. Eine Entschädigung verdient auch, wer in Untersuchungshaft genommen, dann aber nicht verurteilt wird oder eine Freiheitsstrafe erhält, die kürzer als die Untersuchungshaft ausfällt. Nicht zuletzt schulden Medien demjenigen eine Entschädigung, den sie voreilig „anklagen" und „verurteilen".

3. Strafe legitimieren

Das Rechtsinstitut der Kriminalstrafe rechtfertigt sich durch die Verbindung dreier Argumente. Das erste weist die strafbewehrten Verbote als Kehrseite legitimer, letztlich menschenrechtlicher und insoweit universal gültiger Ansprüche aus: Weil jeder Mensch ein Recht auf Leib und Leben hat, ist Gewalt gegen ihn verboten; damit es einen Spielraum für Handlungsfreiheit geben kann, braucht es (ein freiheitsfunktionales) Eigentum, so daß Diebstahl unzulässig ist usw. Dieses Argument gibt dem Strafrecht keine Blankovollmacht, sondern bindet die Rechtfertigung an eine strenge Begrenzung: Dort, wo nicht Rechtsgüter menschenrechtlicher Dignität auf dem Spiel stehen, läßt sich die ultima ratio staatlichen Zwangs, das Strafrecht, schwerlich rechtfertigen.

Obwohl die Anerkennung der Menschenrechte jedem zugute kommt, kann deren Verletzung im Einzelfall vorteilhaft sein. Um diesem Trittbrettfahren an der Rechtsordnung entgegenzuwirken, belegt der Staat – so das zweite Argument – die Rechtsverletzung mit einem Nachteil, der im Prinzip so hoch ausfallen muß, daß er den Vorteil überwiegt. Genaugenommen muß der erwartete Schaden, also das Produkt aus der zu erwartenden Strafe und der Wahrscheinlichkeit, bestraft zu werden, höher ausfallen als der erwartete Gewinn. Nur dann weiß jeder, der wissentlich und willentlich die Rechtsverletzung begeht, daß sie sich nicht lohnt.

Durch die beiden ersten, präventiven Argumente wird die Kriminalstrafe noch nicht gerechtfertigt. Denn der Zweck der Prävention, die Sicherung der Rechtsordnung ist ein kollektives Interesse, dem aus Gerechtigkeitsgründen niemand geopfert werden darf. Damit keiner zum bloßen Mittel des Kollektivs wird, braucht es als drittes Argument die Vergeltung: Vergeltung dafür, daß jemand die Rechtsordnung verletzt hat und nur wegen dieser Rechtsverletzung sowie der Schwere seiner Schuld bestraft wird.

4. Die Strafe aufheben?

Generell verdient die Gerechtigkeit nicht das letzte Wort (s. Kap. XV). Bei der Strafgerechtigkeit drängt sich daher ein Gedanke auf, den überraschenderweise der scharfe Moralkritiker Nietzsche vertritt (*Genealogie der Moral*, Abschn. II 10): „Mit erstarkender Macht nimmt ein Gemeinwesen die Vergehungen des Einzelnen nicht mehr so wichtig". Der Grund: Die Vergehen gelten dem Gemeinwesen „nicht mehr in gleichem Maße wie früher für das Bestehn des Ganzen als gefährlich und umstürzend [...] Wächst die Macht und das Selbstbewußtsein eines Gemeinwesens, so mildert sich immer auch das Strafrecht". Ein Gemeinwesen, das diese Milderung bis zu ihrem Extrem fortsetzt, verzichtet auf die Strafe ganz. Es nimmt sich sogar eine „Selbstaufhebung der Gerechtigkeit" vor, „die den ‚schönen Namen' [...] ‚Gnade' trägt" und „das Vorrecht des Mächtigsten" bildet. Über eine derartige Macht verfügt ein Gemeinwesen aber nur dort, wo es nicht in seinen Grundfesten erschüttert wird, also vielleicht bei der Alltagskriminalität, aber sicherlich nicht bei jenen Straftaten der Großen und Mächtigen, die als Politiker, militärische Führer oder als Chefmanager, nicht zuletzt als Drahtzieher organisierter Kriminalität Unrecht in großem Stil begehen. Und bei der Alltagskriminalität darf man die Opfer nicht vergessen. Damit sie nicht zum Mittel einer kollektiven Gnade mißbraucht werden, müßte die Selbstaufhebung der Strafgerechtigkeit vom Opfer selbst, gegebenenfalls, wenn es getötet ist, von den ihm Nahestehenden ausgehen. Sie sind es, die dem jeweiligen Täter verzeihen müßten, und nicht die gar nicht unmittelbar Betroffenen.

XI. Soziale Gerechtigkeit

Viele halten die soziale Gerechtigkeit für die der Demokratie eigentümliche Richtschnur politischen Handelns. Obwohl die Philosophie seit Aristoteles „mehrere Gerechtigkeiten" kennt, erscheint in ihr der Ausdruck der sozialen Gerechtigkeit sehr spät, überdies so beiläufig, daß sein erstes Auftreten kaum dingfest zu machen ist. Nach einigen Vorläufern in Italien, später in Frankreich und Deutschland wird er schließlich von der christlichen Sozialethik übernommen: zunächst von päpstlichen Sozialenzykliken (*Quadragesimo anno* von Pius IX.), später vom reformatorischen Theologen Emil Brunner (*Gerechtigkeit*, 1943). Das erste größere philosophische Werk stammt vom Ökonomen Friedrich v. Hayek. Unter dem sprechenden Titel *Die Illusion der sozialen Gerechtigkeit* (*The Mirage of Social Justice*, 1976) setzt es sich gegen die ausufernde Sozialstaatlichkeit und für einen Minimal- oder Nachtwächterstaat ein.

Heute spricht man von der sozialen Gerechtigkeit in zwei Bedeutungen. Im unspezifischen Sinn sagt das Beiwort „sozial" lediglich, daß es um etwas Gesellschaftliches geht. Im spezifischen Sinn verstanden, befaßt sich die soziale Gerechtigkeit mit Schwierigkeiten, die im 18. und 19. Jahrhundert entweder neu auftauchen oder sich verschärfen oder auch zum ersten Mal deutlich bewußt werden. Unter dem Stichwort der sozialen Frage zusammengefaßt, sind jene Schwierigkeiten von Arbeitslosigkeit, Schutzlosigkeit bei Krankheit und Alter, mangelnde Bildung oder Ausbildung, sogar Hunger und Verelendung, gemeint, von denen vor allem die Arbeiterschaft in den größer werdenden Städten, daneben aber auch ein erheblicher Teil der Landbevölkerung betroffen ist. Wer auf derartige Schwierigkeiten nicht nur um des sozialen Friedens willen oder aus christlicher Nächstenliebe, sondern im Namen der Gerechtigkeit antworten will, hat Verbindlichkeiten auszuweisen, die man den Betreffenden schuldet.

1. Tauschgerechtigkeit

Häufig denkt man bei der Gerechtigkeit nur an Verteilungsfragen. Man spricht von Zuteilung, Allokation, nennt die entsprechenden Aufgaben Allokationsprobleme und erwartet von der „sozialen" Gerechtigkeit entweder eine Gleichverteilung oder eine Verteilung gemäß den Bedürfnissen. Die zu verteilenden Mittel müssen aber erst erarbeitet und im Fall einer Arbeitsteilung wechselseitig getauscht werden. Wegen dieser Binsenwahrheit empfiehlt sich der erwähnte Paradigmenwechsel: Man beginne nicht bei der Verteilung, sondern bei der Wechselseitigkeit oder dem Tausch – vorausgesetzt, daß man wie Marcel Mauss (*Die Gabe,* 1923/24) keinen nur ökonomischen Tauschbegriff verwendet.

Zugunsten des Paradigmenwechsels spricht der Umstand, daß das zu Verteilende nicht wie das Manna vom Himmel fällt. Bevor man einen Kuchen verteilen kann, muß man ihn backen; um ihn backen zu können, braucht es sowohl Zutaten als auch Energie, die man sich ihrerseits erarbeiten muß. Wer diesen Prozeß bis zu seinem veritablen Anfang verfolgt, stößt zwar auf die erste Grundlage aller Verarbeitung, auf ein den Menschen vorgegebenes Material, aus dem die Zutaten und die Energie gewonnen werden. Die soziale Frage betrifft aber nicht diesen allerersten Anfang, sondern spätere Entwicklungen, für die die Tauschphänomene wichtiger sind.

Gegen die Verteilung als primäres Muster spricht auch, daß die Instanz, die man für die soziale Gerechtigkeit verantwortlich macht, der Staat, im wesentlichen nur zu sekundären und subsidiären Leistungen fähig ist. Ob er mittels Strafgesetzen elementare Rechtsgüter schützt, mittels Formvorschriften das Sozial- und Geschäftsleben ordnet oder mittels Steuern Bildungseinrichtungen, Sozialfonds oder nicht allein lebensfähige Wirtschaftszweige (mit-)finanziert – all diese Leistungen setzen Leistungen der Bürger voraus. Nun sind vor allem in der Demokratie die Bürger zunächst einander neben-, nicht untergeordnet. Während jeder Verteilung wegen ihrer Asymmetrie ein maternalistischer oder paternalistischer Charakter mit Fürsorge-Mentalität anhaftet, besteht das Grundmuster der Kooperation unter Gleichen in der Wechselseitigkeit, also dem Tausch.

Daß sich der Tausch durchaus zur Rechtfertigung der sozialen Gerechtigkeit bzw. der ihr entsprechenden Sozialstaatlichkeit eignet, läßt sich an einer klassischen sozialen Aufgabe zeigen, der Verantwortung für die ältere Generation. Hier gibt es drei Grundformen von Tausch. Bei der einfachsten, positiven und synchronen Form tauschen die älteren und die jüngeren Menschen ihre altersspezifischen Fähigkeiten, Erfahrungen, auch Beziehungen aus. Der zweite, diachrone und negative Tausch erstreckt sich auf phasenverschobene Gewaltverzichte. Um heranwachsen zu können, haben die Kinder, um in Ehren alt zu werden, die gebrechlich gewordenen Eltern ein Interesse, daß man ihre Schwäche nicht ausnützt. Da der Mensch nicht bloß machtlos, sondern auch extrem hilflos geboren wird und nach einer Zeit relativer Selbständigkeit die

Welt wieder hilflos verläßt, gibt es drittens den positiven diachronen Tausch: Die Hilfeleistungen, die man zu Beginn des Lebens erfährt, werden später durch eine Hilfe gegen die Älteren „wiedergutgemacht". Entwicklungsgeschichtlich gesehen, findet der entsprechende Tausch zunächst innerhalb der Familie und der Großfamilie, der Sippe, statt. Er entspricht einer Art von Eltern-Kinder-Vertrag, abgeschlossen über eine phasenverschobene und doch wechselseitige Hilfe.

2. Ausgleichende Gerechtigkeit

Weitere Gründe zugunsten sozialer Gerechtigkeit ergeben sich aus der zur Tauschgerechtigkeit notwendigen Ergänzung, der ausgleichenden (korrektiven) Gerechtigkeit. Ein erstes Argument erinnert an die Hilfsbedürftigkeit der Neugeborenen, die ohne ihren Willen in die Welt gesetzt, sich in einer fremdverschuldeten Notlage vorfinden, aus der die Verantwortlichen, die Eltern, heraushelfen müssen.

Teils weil die Sozialverhältnisse komplizierter geworden sind, teils weil die den phasenverschobenen Tausch sichernde Familienmoral an Kraft eingebüßt hat, ist der „Familien-Vertrag" längst zu einem überfamiliären „Generationen-Vertrag" erweitert worden. Für diese Erweiterung spricht erneut die ausgleichende Gerechtigkeit. Denn die Gemeinwesen, eine Institution zweiter Ordnung, haben die Primärinstitution, die (Groß-)Familie bzw. Sippe (Klan), auch sekundäre Solidargemeinschaften wie Zünfte und Kommunen, in ihrem Eigenrecht und Eigengewicht sowie ihrer Finanzausstattung entmachtet. Das Gemeinwesen hat dafür eine Entschädigung in Form einer Ausfallbürgschaft zu leisten, indem es in jene Aufgaben eintritt, die die entmachteten Institutionen entweder gar nicht mehr oder nur noch unzureichend erfüllen können. Geboten ist allerdings weniger eine – oft bevormundende – Fürsorge als eine „Hilfe zur Selbsthilfe", teils indirekt, auf dem Weg von Sozialversicherungen, teils direkt, etwa durch eine Wirtschafts- und Sozialpolitik, die für allgemeinen Wohlstand sorgt, oder durch eine Bildungspolitik, die nicht allen dieselben, aber jedem eine seiner Begabung angemessene Bildungs- und Ausbildungschance bietet. Dieser Grundsatz gilt generell: Die soziale Gerechtigkeit gebietet schon deshalb keine gleichen Ergebnisse („Ergebnisgerechtigkeit", besser: Ergebnisgleichheit), weil man sie aus eigener Verantwortung verspielen kann. Auch verlangt sie, weder Unterschiede der Begabung noch des „Arbeitseinsatzes" zu leugnen. Andere Entschädigungsaufgaben ergeben sich aus dem Unrecht der Vergangenheit: aus Sklaverei, Leibeigenschaft und Erbuntertänigkeit, aus Kolonialisierung, Imperialismus und einer jahrhundertelangen Ungleichbehandlung der Frau.

Weiterhin gibt es zivilisatorische Entwicklungen wie Industrialisierung, Verstädterung und Spezialisierung der Arbeit, die einen Komplex von Chancen und Risiken hervorbringen, die zwar per Saldo als kollektiv vorteilhaft gelten, einige Gruppen aber schlechter stellen, wofür sie eine Entschädigung verdienen. Deren Höhe hängt vom Maß der Besserstellung der anderen ab, in Annäherung: von der öffentlichen Haushaltslage. Knappheitsbedingte Kürzungen sind daher nicht eo ipso ungerecht. Im übrigen tut Augenmaß Not. Über den derzeitigen Schwierigkeiten sollte man nicht vergessen, daß die des 19. Jahrhunderts weit drückender ausfielen.

Nach diesem Argumentationsmuster erweist sich ein großer Teil jener Sozialstaatsaufgaben, die Forsthoff (*Verwaltung*, 1938) im Begriff „Daseinsvorsorgestaat" zusammenfaßt, als eine Kompensationspflicht und Auffangverantwortung. Mag der Sozialstaat an seiner Oberfläche als eine Solidargemeinschaft oder als eine Gemeinschaft der Verteilungsgerechtigkeit erscheinen – in seinem Kern legitimiert er sich auf der normativen Seite von der Tauschgerechtigkeit und der ausgleichenden Gerechtigkeit her und auf der deskriptiven Seite aus veränderten Gesellschaftsverhältnissen. Nach der Verfassung ist Deutschland ein „sozialer" Staat (*Grundgesetz* Art. 20,1 und 28,1). Diese lapidare Erklärung wird gern durch vier Aufgaben ausbuchstabiert: (1) die Garantie eines Existenzminimums, (2) die Herstellung von mehr Gleichheit (in der Regel ist die finanzielle Seite gemeint), (3) die Gewährleistung von mehr Sicherheit und (4) die Hebung des Wohlstandes und die Verbreitung der Teilhabe daran. Während die Aufgaben (1) und (3) sich relativ leicht aus der skizzierten Argumentation ergeben, sieht es mit den Aufgaben (2) und (4) schwieriger aus.

3. Gerechtigkeit zwischen den Generationen

Selbst bei der „neuen sozialen Frage", dem Schutz der natürlichen Umwelt, versagt das Tauschdenken nicht. Die naturale Natur ist zwar eine Vorgabe, die nicht zu tauschen, sondern zu verteilen ist. Der überwiegende Teil der Sozial- und Zivilisationsprozesse besteht aber aus Veränderungen der Natur, bei denen es auf Tauschgerechtigkeit und ausgleichende Gerechtigkeit ankommt. Weil beispielsweise die Art, wie die natürliche Umwelt der nächsten Generation hinterlassen wird, deren Lebenschancen und -risiken mitbestimmt, ist ein Generationenvertrag nur dann gerecht, wenn man der nächsten Generation keine Hypotheken vererbt, für die man keine entsprechend hohen Bürgschaften mitvererbt. Nach diesem Maßstab ist beispielsweise ein Abbau nichterneuerbarer Energiequellen nur unter der Bedingung gerecht, daß der Abbau nicht schneller erfolgt, als man neue Quellen erschließt.

Weil die naturale Natur eine prinzipielle Vorgabe darstellt, erscheint es als intuitiv plausibel, sie als Gemeineigentum der Menschheit zu betrachten, das jeder Generation gleichermaßen gehört. Sie verhält sich wie ein Kapital, von dessen Zinsen jede Generation leben darf, ohne das Kapital selbst anzutasten. Ob Individuum, Gruppe oder Generation – wer sich etwas vom Gemeineigentum nimmt, ist verpflichtet, etwas Gleichwertiges zurückzugeben. Und wie Eltern ihren Kindern lieber ein größeres Erbe hinterlassen, so hinterläßt eine großzügige Generation nach Möglichkeit der nächsten eine per saldo reichere Erde.

Die gesamte Pflicht erstreckt sich nicht bloß auf die natürliche, sondern auch auf die kulturelle, soziale und technische Umwelt. Sie betrifft Errungenschaften der Kultur, einschließlich Sprache, Literatur, Kunst, Musik und Architektur, ferner die zivilisatorische Infrastruktur wie Verkehrswege, Kanalisation, das Bildungs- und das Gesundheitswesen, weiterhin die architektonische Qualität der Städte und der Erholungswert der Landschaft, außerdem wissenschaftliches, medizinisches und technisches Wissen, rechtliche und soziale Institutionen, nicht zuletzt die Kapitalakkumulation und die Bevölkerungsentwicklung. In all diesen Bereichen muß jede Generation ein dreidimensionales, keineswegs bloß ökonomisches Sparen pflegen: ein „konservierendes Aufsparen": ein Bewahren von Institutionen und Ressourcen, ein „investives Ansparen" (von Kapital, Infrastruktur, Zukunftstechniken ...) und ein „präventives Ersparen": ein Verhindern von Kriegen, ökologischen Katastrophen, wirtschaftlichen oder sozialen Zusammenbrüchen.

Daß in Wahrheit das Gegenteil stattfindet und innerhalb des Bruttoinlandsprodukts die Gegenwartsausgaben: die Soziallasten, die Kosten für das Gesundheitswesen, für die Altersvorsorge und die Tilgung der Staatsschulden, gestiegen, die Zukunftsausgaben dagegen gesunken sind: die Investitionen in das Bildungswesen und andere Bereiche sozialer und materieller Infrastruktur – diese Verschiebung vom investiven zu dem im weiten Sinn konsumptiven Anteil bedeutet eine Ungerechtigkeit gegen die künftigen Generationen. Die vor allem in Deutschland sich öffnende Schere zwischen steigenden Einkommen und Vermögen der Älteren und sinkender Investition in die Bildung gefährdet nicht bloß die Zukunft; sie verstößt auch gegen die intergenerationelle Gerechtigkeit. Die Gegenwart lebt auf Kosten der Zukunft.

Zur Gerechtigkeit zwischen den Generationen gehören auch Vorkehrungen für junge Eltern. Sie, meist vor allem die Frauen, brauchen flexiblere Arbeitszeitregeln, Teilzeitbeschäftigung und weit bessere Familienhilfen, einschließlich Kindergärten und Kinderhorten. Schließlich müssen die jungen Menschen rechtzeitig in wirtschaftliche, gesellschaftliche und politische Verantwortung hereingenommen werden, statt einer wachsenden Gerontokratie ausgesetzt zu sein: der Häufung von Ämtern und Positionen bei immer Älteren. (Vgl. Abschn. XIII. 5.)

4. Gerechtigkeit und Solidarität

Die soziale Gerechtigkeit wird oft in einem Atemzug mit der Solidarität genannt. In Wahrheit nimmt letztere eine normative Zwischenstellung zwischen der nicht mehr geschuldeten Gerechtigkeit und der freiwilligen Menschenliebe ein.

Ursprünglich, im Römischen Recht, bedeutet die Solidarität („obligatio in solidum") eine gemeinschaftliche Haftung. Gemäß der Formel „Einer für alle und alle für einen" hilft der einzelne der Gemeinschaft, meist einer Familie, so wie umgekehrt diese dem einzelnen hilft. Gegen Ende des 18. Jahrhunderts wird der strenge Schuldbegriff auf nichtrechtliche Beziehungen erweitert, der begriffliche Kern aber beibehalten. Solidarität bezeichnet seitdem (1) eine gegenseitige Haftung, die wechselseitige Verpflichtung, (2) in Gefahr und bei Notlagen (3) innerhalb von Gruppen, die teils unfreiwillig, beispielsweise als Geschwister, teils durch freie Wahl, etwa als Mitglieder einer Expedition, oder durch ein zufälliges Schicksal wie eine Naturkatastrophe eng miteinander verbunden sind. Solidargemeinschaften sind Not- und Gefahrengemeinschaften, deren Mitglieder „im selben Boot sitzen" und dabei (4) emotionale Bindungen zueinander entwickeln, die um so stärker ausfallen, je bewegender das miteinander geteilte Schicksal ist.

Nicht in jeder Notlage ist aber die Solidarität gefragt. Einerseits hat, wer eine fremde Not mitverschuldet, aus Gerechtigkeitsgründen zu helfen; andererseits ist bei einer rein selbst verschuldeten Not die Hilfe ein Gebot der Menschenliebe. Solidarität ist dagegen dort angesagt, wo die Alternative Fremd- oder Selbstverschulden nicht zutrifft und mehr oder weniger ein Schicksal vorliegt. Nach dessen Art lassen sich drei Arten von Solidarität unterscheiden: (1) Die „kooperative Solidarität" nach dem Muster der Sozialversicherung sucht individuelle Risiken dort gemeinsam zu bewältigen, wo nur die Art des Risikos, etwa Krankheit, Unfall und Arbeitslosigkeit, vorhersehbar ist, aber nicht, wen es wann und wie stark trifft. (2) Die „antagonistische Solidarität" verfolgt kollektive Interessen gegen konkurrierende Kollektiva; beispielsweise wehrt sie Feinde ab. (3) Die „kontingente Solidarität" dient der Bewältigung unvorhergesehener, aber kollektiver Schicksalsschläge wie Naturkatastrophen.

Als Hilfe auf Gegenseitigkeit bedeutet die Solidarität eine Geschwisterlichkeit, die aber nicht der Asymmetrie folgt, daß die größeren Geschwister den kleineren helfen. Ihr Grundgedanke wird deshalb dort in Richtung auf Menschenliebe überdehnt, wo die Stärkeren für die Schwächeren eintreten sollen, obwohl sie, weil deutlich und auf Dauer überlegen, in den Genuß einer Gegenleistung kaum je geraten. Auch wenn es Interpretations- und Ermessensspielräume gibt, darf die Kernbedeutung nicht aufgegeben werden: die Hilfe auf Gegenseitigkeit innerhalb einer Schicksalsgemeinschaft, von der man gegebenenfalls selbst profitiert.

5. Gerechtigkeit gegen Tiere?

Der Tierschutz hat eine lange Tradition. Unter der Annahme, die Gerechtigkeit spiele nur unter gleichrangigen Wesen eine Rolle, wird er in der Regel aber außerhalb der Gerechtigkeit angesiedelt, beispielsweise beim Mitleid, das alle schmerz- und leidensfähigen Wesen verdienen. Zumindest bei der Domestikation liegt aber eine Gegenseitigkeit vor, derentwegen von Gerechtigkeit zu sprechen ist.

In den Grenzen, die die biologischen Arten und die menschlichen Zwecke setzen, entsteht im Zuge der Domestikation eine Kooperation, bei der man sich sowohl gegenseitig anpaßt als auch wechselseitig Vorteile verschafft. Denn einerseits wird das Tier im wörtlichen Sinn zum Domestiken, nämlich zu einem Diener, der in den Domus, den Lebensraum des Menschen, aufgenommen wird. Andererseits stellt sich der Mensch auf die Bedürfnisse des Tieres ein, beispielsweise ergänzt er sein Haus um Stall und Weide.

Nicht ohne Grund nimmt Aristoteles an, daß es den domestizierten Tieren besser als den wildlebenden gehe (*Politik*, I 5, 1254b10–13). Domestizierte Tiere werden nämlich vom Kampf ums Überleben entlastet, zudem in ihrem Wohlbefinden gefördert: Ein guter Hirte schützt die Schafe vor dem Wolf, sucht gute Weiden auf und trägt Sorge für Mutterschafe und ihre Neugeborenen. Insofern übt er in der Tat Gerechtigkeit, da er für den Nutzen, den er vom Tier erhält, dessen Leben erleichtert. Nach der bekannten Lehre des Aristoteles (*Nikomachische Ethik*, VIII 2) kann man hier von einer Freundschaft zu gegenseitigem Nutzen sprechen. Bei Haustieren kommt es sogar zu einer wechselseitigen Zuneigung, die unter die Freundschaft um des Angenehmen willen fällt. In beiden Beziehungen wird die seit dem Römischen Recht vorherrschende Alternative „Person oder Sache" unterlaufen. Bei der Nutzen-Freundschaft wird das Tier wie ein Geschäftspartner, fast wie ein Kompagnon behandelt, und bei wechselseitiger Zuneigung reicht die Partnerschaft über das Geschäftliche weit hinaus.

Nach dem Prinzip Mitleid verdienen alle schmerz- und leidensfähigen Tiere dieselbe Zuwendung; sie haben aber kein Recht darauf. Nach dem Gedanken der Gerechtigkeit gibt es unterschiedliche Stufen der Verantwortung und zumindest ansatzweise auch ein Recht: Da der Mensch im Zuge der Domestikation die Tiere von sich abhängig macht, trägt er für sie eine größere Verantwortung als für wildlebende. Und innerhalb der Domestikation trägt er für die Tiere im eigenen Lebensraum mehr Verantwortung als für die außerhalb. Eine gewisse Gerechtigkeitsverpflichtung besteht allerdings auch gegen wildlebende Tiere. Denn eine Zivilisation, die ihnen den notwendigen Lebensraum zunehmend einschränkt, schuldet dafür einen Ausgleich, beispielsweise in Form großzügig bemessener Tierreservate.

Die neuere Industrialisierung der Viehzucht hat die Tierbeziehung grundlegend verändert. Sie hat die Kooperation zwar nicht vollständig aufgekündigt, die Bilanz der Vor- und Nachteile für die Tiere aber drastisch verschlechtert. Hier ist eine Gegenbewegung vonnöten. Nicht nur aus Selbstinteresse des Menschen, etwa um gesünderes und schmackhafteres Fleisch zu erhalten, sondern auch aus Gerechtigkeitsgründen ist eine artgerechte Tierhaltung geboten.

XII. Gerechtigkeit im Pluralismus: Toleranz

Die meisten Gesellschaften von heute zeichnen sich durch ein vielfaches Neben- und Gegeneinander aus, durch einen facettenreichen, nicht nur politischen, sondern auch gesellschaftlichen, religiösen und kulturellen Pluralismus, nicht zuletzt durch einen Pluralismus der leitenden Wertvorstellungen. Diese Vielfalt ist nicht bloß eine Tatsache, sie hat auch einen gewissen Wert. Ohne in einen Relativismus zu verfallen, der in jeder Lebensform die gleichen Chancen zu einer humanen Selbstverwirklichung sieht, läßt sich nicht leugnen, daß der Pluralismus einen größeren Reichtum menschlicher Möglichkeiten zutage treten läßt, als es Individuen und homogene Gruppen je für sich können. Ohnehin hat keine zwangsbefugte Institution das Recht, ihre Mitglieder, immerhin selbstverantwortliche Personen und mündige Bürger, auf bestimmte Lebensformen festzulegen. Indem der Pluralismus den unterschiedlichsten Menschen die Freiheit zu ihrer eigenen Lebensform läßt und diese Freiheit allen gewährt, steht er für Gerechtigkeit ein. Ohne ein Wert an sich oder ein Selbstzweck zu sein, legitimiert sich der Pluralismus aus dem Leitprinzip politischer Gerechtigkeit, dem gleichen Recht auf Freiheit.

Wer den Pluralismus frei anerkennt, besitzt Toleranz. Ihre Grundstufe, eine mehr passive Toleranz, besteht im Gelten- und Gewährenlassen fremder Eigenart. Weil sich die Menschen in ihren Bedürfnissen, Interessen und Talenten unterscheiden, außerdem niemand gegen Irrtümer, Vorurteile und Fehler gefeit ist, gehört die passive Toleranz zu den Bedingungen eines zivilisierten Umgangs miteinander.

Die aktive Toleranz geht darüber weit hinaus. Sie läßt den anderen nicht bloß gewähren, was schon das Gesetz verlangt. Sie bejaht auch aus freien Stücken des anderen Lebensrecht, Freiheit und Entfaltungswillen. In der Freiheit und Würde jedes Menschen gegründet, verbindet diese Toleranz die Fähigkeit zur eigenen Andersartigkeit mit der Anerkennung des anderen als gleichwertig. Aus einer inneren Freiheit sucht der aktiv tolerante Mensch nicht länger ein Leben, das auf gewaltsame Bekehrung oder aber Überwindung des Gegners angelegt ist, vielmehr ein Miteinander auf der Grundlage von Ebenbürtigkeit und Verständigung. Seine Toleranz endet erst dort, wo die Legitimationsgrundlage verletzt wird: die in den Menschenrechten zutage tretende Freiheit und Würde aller Menschen.

Eine staatsbürgerliche Toleranz geht über die aktive Toleranz noch hinaus. In Anerkennung des Rechts aller Mitbürger, eigene Überzeugungen auszubilden, im Wissen um die Gefahr, bei den Überzeugungen Irrtümern oder Vorurteilen aufzusitzen, und im Wissen, daß man trotz konkurrierender Ausgangsüberzeugungen schließlich zu einer verbindlichen Entscheidung kommen muß, ist sie sowohl fähig als auch bereit, die eigenen Überzeugungen zur Diskussion, gegebenenfalls sogar zur Disposition zu stellen. Es kommt allerdings nicht auf alle Überzeugungen, sondern lediglich auf die für eine gemeinsame Rechtsordnung belangvollen an. Wer diese Toleranz bloß aus strategischen oder pragmatischen Gründen entwickelt, etwa um nicht in den Ruf eines Demokratiegegners zu geraten, läßt die Demokratie genau dann im Stich, wenn sie der staatsbürgerlichen Toleranz am meisten bedarf: in Zeiten wachsender Demokratieverdrossenheit. Eine mehr als nur pragmatisch begründete staatsbürgerliche Toleranz gehört zu den Bedingungen, die eine pluralistische Demokratie ermöglichen. Für einen genaueren Begriff empfiehlt es sich, drei Stufen zu unterscheiden:

Die unterste Stufe, eine legalistische Kompetenz, besteht in der Fähigkeit und Bereitschaft, sich an die geltenden Gesetze einer pluralistischen Demokratie zu halten. Sie entspricht einer elementaren Bürgertugend, dem Rechtssinn. Auf der zweiten Stufe, einer deliberativen Kompetenz, ist man fähig und bereit, zu den innersten Überzeugungen auf Distanz zu gehen und sie aus dieser Distanz heraus zu diskutieren. Auf der dritten und höchsten Stufe, einer dispositiven Kompetenz, läßt man sich sogar darauf ein, seine Überzeugungen zur Disposition zu stellen und sie gegebenenfalls aufgrund wohlüberlegter Argumente zu verändern.

Offensichtlich bewegt sich der ideale Bürger einer pluralistischen Demokratie auf der dritten Stufe, der der vollen staatsbürgerlichen Toleranz. Trotzdem darf sie nicht eingefordert werden. Denn eine Demokratie setzt sich dadurch von einem autoritären Staat scharf ab, daß sie von ihren Bürgern nicht verlangt, den innersten Kern ihrer Überzeugungen, immerhin den Inhalt ihres Gewissens, zur Disposition zu stellen. Sie fordert nicht einmal die volle zweite Stufe der staatsbürgerlichen Toleranz: daß jeder über seine innersten Überzeugungen freimütig diskutiere. Sie begnügt sich mit einer schwachen deliberativen Kompetenz, der Bereitschaft, mit sich und guten Freunden zu Rate zu gehen. Selbst das darf aber nicht erzwungen, nicht einmal verlangt, wohl aber erhofft werden. Verlangen darf man jedoch, daß keine Überzeugungen öffentlich vertreten werden, die den Grundlagen des demokratischen Rechtsstaates widersprechen oder gar zu Gewalt aufrufen. Dem radikalen Gegner der Demokratie darf man nicht bloß, sondern muß man Widerstand leisten.

XIII. Globale Gerechtigkeit

Merkwürdigerweise sprechen Philosophen gern über das Universale und vernachlässigen doch die Gerechtigkeit der universalen politischen Gemeinschaft, die der gesamten Menschheit. In der Antike denken nicht etwa die überragenden politischen Philosophen Platon und Aristoteles über eine Weltrepublik, eine Kosmo-Polis, nach, sondern erst die Stoiker. Ihr Weltbürgertum ist aber meist apolitisch. In der Neuzeit wiederholt sich das Desiderat. Die erste und bis heute einzige Ausnahme unter den Klassikern der Philosophie ist Immanuel Kant mit seinem philosophischen Entwurf *Zum ewigen Frieden* (1795) und den einschlägigen Teilen der *Rechtslehre* (§§ 53–62). Für Kant ist der Gedanke einer universalen Friedens- und Rechtsordnung kein Gelegenheitsthema, sondern ein Grundmotiv seines gesamten Denkens. Heute, im Zeitalter einer vielfachen Globalisierung erhält es eine besondere Aktualität.

1. Eine föderale Weltrepublik

Der noch wenig vertraute Gedanke einer universalen, zwischen- und überstaatlichen Rechts- und Friedensordnung rechtfertigt sich aus den Grundsätzen politischer Gerechtigkeit, die schon von den Einzelstaaten her bekannt sind. Deren Gerechtigkeit beginnt mit der Herrschaft von Regeln, dem Recht. Da Regeln sich nicht selber zur Wirklichkeit bringen, braucht es zweitens öffentliche Gewalten. Das dritte Gerechtigkeitsprinzip, die Demokratie, führt sie auf das Volk zurück; das vierte erklärt die Menschenrechte zu Kriterien, denen die öffentlichen Gewalten in jedem Fall zu unterwerfen sind. Ein Gemeinwesen, das diese vier Prinzipien anerkennt: das Recht, die Menschenrechte, die öffentlichen und geteilten Gewalten sowie die Demokratie, kann sich konstitutionelle Demokratie, demokratischer Verfassungsstaat oder kürzer: Republik nennen.

Von dieser vertrauten, innerstaatlichen Rechtsgemeinschaft gelangt man zur unvertrauten, zwischen- und überstaatlichen Gestalt mit Hilfe eines Brückenprinzips, nämlich der Einsicht, daß sich Einzelstaaten in wichtigen Hinsichten wie Individuen verhalten. Sie sind zwar keine organischen Ganzheiten, aber entscheidungs- und handlungsfähige Kollektivsubjekte. Die Gerechtigkeitsargumente, die für einen Einzelstaat sprechen, gelten daher auch für die Beziehung zwischen den Staaten, und es bedarf einer Weltrechtsordnung mit einer gewissen Weltstaatlichkeit, also einer Weltrepublik. (Vgl. Höffe, *Demokratie im Zeitalter der Globalisierung*, 1999.)

Nach Ansicht von (Hyper-)Globalisten soll es sogar einen einzigen, jetzt globalen Weltstaat geben, ein staatlich homogenes Weltreich. Weil dieses alle Einzelstaaten in sich aufsaugte, würden die soziale und kulturelle Integrität bestehender Rechtsgemeinschaften und zugleich die soziale und kulturelle Vielfalt der Menschheit gefährdet.

Weitere Einwände richten sich nicht bloß gegen ein Weltreich, sondern gegen jede Art von Weltstaat. Sie betonen seine Bürgerferne, ferner seine Unregierbarkeit oder aber die Gefahr einer Überbürokratisierung und das Fehlen notwendiger Voraussetzungen wie global gemeinsamer Rechts- und Gerechtigkeitsüberzeugungen und einer globalen politischen Öffentlichkeit. Außerdem genüge es doch, wenn sich alle Staaten zu Demokratien entwickelten. Denn Demokratien seien gegen ihresgleichen friedfertig und brächten über ein Netz von inter- und supranationalen Regierungs- und Nichtregierungsorganisationen und einem weiter ausgebauten Völkerrecht eine globale Ordnung ohne Staat, gewissermaßen einen globalen Ultraminimalstaat, zustande.

Der hier angedeutete Gegensatz zwischen dem staatlich homogenen Weltreich der (Hyper-)Globalisten auf der einen und dem globalen Ultraminimalstaat auf der anderen Seite läßt sich mittels eines zweistufigen politischen Ökonomieprinzips auflösen: Der ersten Stufe zufolge soll keine politische Einheit geschaffen werden, die sich nicht als notwendig erweist. Das trifft für ein gewisses Maß an Weltstaatlichkeit zu. Denn einerseits findet seit Jahren eine vielfältige Globalisierung statt, die sich keineswegs auf die Wirtschafts- und Finanzmärkte beschränkt. Sie erstreckt sich vielmehr auf drei Dimensionen: auf eine „globale Gewaltgemeinschaft" (hinsichtlich Kriegen, organisierter Kriminalität und Umweltschäden), auf eine „globale Kooperationsgemeinschaft" (Wirtschaft und Finanzen, Arbeitsmarkt, Tourismus und vor allem auch Bildung, Wissenschaft und Kultur) und auf eine „globale Schicksalsgemeinschaft" (hinsichtlich großer Wanderbewegungen, Naturkatastrophen und der Unterentwicklung großer Weltregionen).

In allen drei Bereichen entsteht nun ein globaler Handlungsbedarf, den die Einzelstaaten allein nicht decken können. Für viele Aufgaben reichen zwar eine zwischenstaatliche Kooperation und mittlere politische Einheiten von der Art der Europäischen Union, also großregionale bzw. (sub-)kontinentale Zwischenstufen, aus. Andere Aufgaben lassen sich aber auf diese Weise entweder gar nicht oder nicht gut genug lösen. Dies gilt für die internationale Friedensordnung nicht weniger als für einen internationalen Umwelt-, namentlich Klimaschutz, für die Einrichtung internationaler Gerichte und die Festlegung von sozialen und ökologischen Mindestkriterien. Damit nun diese Aufgaben nach dem Muster der moralisch-politischen Errungenschaft der Moderne, des demokratischen, sozialen und ökologischen Rechtsstaates, bewältigt werden, ist der Gedanke eines Ultraminimalstaates zurückzuweisen und ein gewisses Maß an globaler Rechtsstaatlichkeit und globaler Demokratie, also eine Weltrepublik, einzurichten.

Nach der zweiten Stufe politischer Ökonomie sollen neue politische Einheiten, wenn sie sich als notwendig erweisen, nicht mehr Zuständigkeiten als unabdingbar erhalten; sie sind nur subsidiär legitim. Deshalb entfällt der direkte Gegenspieler zum Ultraminimalstaat, der (hyper-)globale Weltstaat; denn er verfügt über ein Zuviel an Weltstaatlichkeit. Gerechtigkeitsgeboten ist nur jene subsidiäre Weltrepublik, die weder die Einzelstaaten noch die kontinentalen (europäischen, afrikanischen ...) Zwischenstufen auflöst, sie vielmehr als legitimationstheoretisch primäre bzw. sekundäre Gemeinwesen anerkennt. Die vom Standpunkt der Gerechtigkeit gebotene Weltrepublik ist daher kein Weltzentralstaat, der alle Einzelstaaten in sich aufsaugt und wie etwa das antike Rom oder wie das britische Commonwealth von einer Metropole aus die gesamte Welt zu beherrschen sucht. Sie ist kein Zentralstaat, sondern eine Weltföderation. Regeln, die nicht den strengen Begriff des Rechts erfüllen, nennt man ein „soft law": ein weiches Recht. Entsprechend beginnt die Weltrechtsordnung als eine „soft world republic", als eine weiche Weltrepublik, nämlich als ein globales politisches Netzwerk, das schon von Regeln bestimmt ist („weiche Legislative"), die sich auf die eine oder andere Weise durchzusetzen vermögen („weiche Exekutive") und schon Ansätze einer globalen Gerichts-, zumindest Schiedsgerichtsbarkeit („weiche Judikative") kennen. Daran kann sich ein Weltstaatenbund anschließen, der nach und nach erst in längeren Zeiträumen sich zu einer föderalen Weltrepublik fortentwickelt. Und als eine staatlich subsidiäre und föderale Einheit ist sie ausschließlich für Aufgaben zuständig, die weder die Einzelstaaten noch die großregionalen Zwischenstufen, sei es allein oder in freier Kooperation, noch die globale Bürgergesellschaft zu bewältigen vermögen.

2. Recht auf Differenz

Nach Ansicht einer neueren sozialphilosophischen Richtung, des sogenannten Kommunitarismus, droht im Zeitalter der Globalisierung eine gefährliche Nivellierung. Gegen sie brauche es als Kontrapunkt eine generelle Stärkung von Besonderheiten und in deren Rahmen einen Schutz der Einzelstaaten. In der Tat leben viele Einzelstaaten aus einer gemeinsamen Geschichte und haben ihre bestimmte Tradition, Kultur und Sprache oder eine wohldefinierte Mehrsprachigkeit. Wer Staaten auflöst, schränkt daher nicht bloß den Reichtum der Menschheit empfindlich ein. Er gefährdet auch die Identität derjenigen, auf die es letztlich ankommt: die der einzelnen, aber nicht vereinzelten Menschen. Trotz aller Individualität, oft sogar zu genau diesem Zweck gehören sie nämlich subglobalen Gemeinschaften an. Und diese haben ein Recht auf Besonderheit, ein Recht auf Differenz. Andererseits sind die derzeit bestehenden Einzelstaaten kein Selbstzweck, der einen kompromißlosen Schutz verdient. Sie dürfen sich auflösen, neu zusammensetzen und dabei sowohl in kleinere als auch in größere Einheiten übergehen. Und vor allem sind sie genauso wenig wie Individuen und Gruppen den genannten vier Grundsätzen politischer Gerechtigkeit enthoben. Auch Staaten unterliegen dem universalen Rechts- und Demokratiegebot.

Für die demokratische Rechtfertigung einer Weltföderation, letzlich einer Weltrepublik, sind drei Argumentationsstrategien denkbar. Nach der ersten, exklusiven Bürgerlegitimation geht die (subsidiäre und föderale) Weltdemokratie aus dem Willen eines die gesamte Weltbevölkerung umfassenden, globalen Staatsvolkes hervor. Weil die Individuen die letzte Instanz der Rechtfertigung bilden, könnte man diese Strategie für angemessen halten. Denn die Interessen von Staaten werden durch die ihrer Bürger legitimiert, so daß man die Einzelstaaten als eigenständige Instanz ausschließen könnte. Dagegen spricht aber das Recht auf Einzelstaatlichkeit, verbunden mit dem Umstand, daß die Interessen von Gruppen sich nicht auf die Summe der Interessen ihrer Mitglieder verkürzen lassen.

Nach der Gegenstrategie, der exklusiven Staatenlegitimation, entscheidet allein der Wille aller Einzelstaaten, da diese sowohl die Interessen der einzelnen Bürger als auch die der Bürgerschaft als Gesamtheit vertreten. Dagegen sprechen aber schon Zugehörigkeiten, die quer zur Staatlichkeit liegen: etwa Religion, Sprache und Beruf, anspruchsvolle Hobbys oder jene politisch-sozialen Interessen, die von Organisationen wie Amnesty International oder Ärzte ohne Grenzen vertreten werden, ferner die Diaspora-Situation beispielsweise von Iren, Juden und Kurden.

Schon wegen dieser „staatenkreuzenden Zugehörigkeiten" scheidet auch die zweite Legitimation aus, so daß eine dritte, kombinierte Strategie notwendig wird: die Verbindung von Bürgerrechtfertigung mit Staatenrechtfertigung. Ihr zufolge geht alle Gewalt des Weltstaates von seinem doppelten Staatsvolk aus: von der Gemeinschaft aller Menschen und von der aller Staaten und großregionalen Einheiten. Diese Doppelstrategie muß sich in der Organisation der Weltrepublik niederschlagen. Ihr höchstes Organ beispielsweise, der Weltgesetzgeber als Weltparlament, muß aus zwei Kammern bestehen, aus einem Welttag als der Bürgerkammer und einem Weltrat als der Staatenkammer. Die Doppelstrategie schlägt sich auch in einer neuartig mehrfachen Staatsbürgerschaft nieder. Ob man primär Deutscher, Italiener oder Pole ist und Europabürger erst danach, werden die Demokratien Europas in den nächsten Jahren zu entscheiden haben. Primär ist man jedenfalls eines von beiden, Staats- oder Europabürger, und sekundär das andere, folglich in gestufter Weise beides zusammen, und tertiär ist man Weltbürger: Bürger der subsidiären und föderalen Weltrepublik.

3. Globale Rechtsaufgaben

Vieles kann die Weltgesellschaft der sozialen Evolution und dem freien Wettbewerb überlassen, einschließlich dem Wettbewerb von Institutionen. Damit die Globalisierung nicht mit einem Rückschritt an Recht und Demokratie bezahlt werde, trägt sie dagegen Verantwortung für die „Menschen- oder Grundrechte von Staaten": für den Schutz ihrer politischen und kulturellen Selbstbestimmung und für ihre territoriale, einschließlich ihrer ökologischen Integrität. Weitere Aufgaben liegen in folgendem:

Weltjustiz. Die Globalisierung spart die Kriminalität nicht aus. Weder der Terrorismus noch der Waffenschmuggel, weder der Drogenhandel noch der Menschenhandel halten sich an staatliche Grenzen. Ebenso staatenübergreifend ist das im Begriff der Justiz enthaltene Gerechtigkeitsgebot. Auch wenn das Strafrecht im wesentlichen in die Zuständigkeit der Einzelstaaten fällt, darf ihm die grenzüberschreitende Kriminalität nicht entzogen werden. Infolgedessen braucht es eine globale Gerichtsbarkeit, eine Weltjustiz im Sinne eines Welt-Strafrechts. Dieses läßt sich dreidimensional einrichten, und Entsprechendes gilt für die anderen Bereiche eines globalen Gerichtswesens:

(1) Ein „nationales Weltstrafrecht" achtet sowohl hinsichtlich der strafwürdigen Delikte als auch der Prozeßprinzipien, der Strafen und des Strafvollzugs auf eine interkulturelle Gültigkeit. Wird diese Bedingung erfüllt, etwa aufgrund einer menschenrechtsverpflichteten Legitimation und Limitation, so besteht eine rechtsmoralisch begründete Befugnis, Personen zu verurteilen, die zwar aus anderen Rechtskulturen stammen, ihr Delikt aber in diesem Land begangen haben.

(2) Ein „grenzüberschreitendes Weltstrafrecht" erklärt sich – erneut dank einer interkulturell gültigen Strafjustiz – zu

einer stellvertretenden Strafrechtspflege bereit. Danach darf über einen Drogengroßhändler, der sein Delikt in Land A begeht, aber im Land B festgenommen wird, durchaus im Land B verhandelt und geurteilt werden.

(3) Eine „weltbürgerliche" oder „kosmopolitische Weltjustiz" betrifft die „Verbrechen gegen die Menschlichkeit", für die sich zu Recht die „Menschheit" verantwortlich fühlt und die sie verfolgt, falls gewisse Regierungen sie nicht verfolgen, vielleicht sogar selber begehen.

Weltbürgerschutz. Die Neuartigkeit anderer Aufgaben darf nicht von der doppelten Grundaufgabe ablenken: daß allen Menschen an jedem Ort der Welt derselbe Schutz der Menschenrechte zu sichern ist. Weder dürfen friedliche Ausländer schon an der Grenze – von den Staatsorganen oder mit staatlicher Duldung – beraubt, willkürlich ins Gefängnis geworfen oder gar versklavt werden, noch dürfen sie, einmal ins Land eingelassen, dem Schutz des Zivil- und des Strafrechts entzogen werden. Bei etwaigen Defiziten an nationalem Rechtsschutz muß man nicht bloß vor der staatlichen Gerichtsbarkeit gegen die eigene Regierung klagen, sondern auch seine Klage über den innerstaatlichen Instanzenweg hinaus vor ein Weltgericht bringen können.

Weil innerhalb der föderalen Weltrepublik das Weltbürgerrecht das Staatsbürgerrecht nicht aufhebt, sondern bloß ergänzt, ist es nicht illegitim, andere Rechte, beispielsweise das Recht von Ausländern auf den Erwerb von Immobilien oder Kunstwerken, das Recht auf demokratische Mitwirkung oder das auf eine unbeschränkte Freizügigkeit, einzuschränken. Der Heimatstaat darf seinen Bürgern zwar weder die Auswanderung noch den Wechsel der Staatsangehörigkeit verbieten. Denn nach einem erweiterten Verständnis von Glaubens- und Gewissensfreiheit haben sie das Recht, die (gesellschaftlichen, politischen und kulturellen) Besonderheiten eines anderen Staates vorzuziehen. Ein Anspruch, sich in jedem Staat der Welt auf Dauer aufzuhalten, an dessen Gestaltung gleichberechtigt mitzuwirken und sich der Segnungen von dessen

Sozialstaatlichkeit zu erfreuen, kurz: ein Menschenrecht auf Einwanderung, besteht dagegen nicht.

Auch der Weltmarkt funktioniert nach anonymen Kräften, vereinfacht: nach dem Gesetz von Angebot und Nachfrage. Wer deshalb auf jede geplante Ordnung verzichten will, übersieht, daß die wohlstandsfördernden Kräfte wie Wagnis und Anstrengung einer natürlichen Trägheit abzuringen sind. Eine „aufgeklärte Trägheit" versucht daher, Wagnis und Anstrengung zu verringern, deshalb den Wettbewerb zu verzerren. Auf dem im empirischen Sinn freien, sich selbst überlassenen Markt sind Wettbewerbsverzerrungen daher so gut wie unvermeidbar. Die Gerechtigkeit, die sich dem widersetzt, kann ökonomische Gerechtigkeit heißen.

Der kriminellen Wettbewerbsverzerrung: Betrug und Gewalt („Mafia-Methoden"), tritt schon der gewöhnliche Rechtsschutz entgegen. Eine globale Marktordnung widersetzt sich drei anderen Verzerrungen: Monopolen und Oligopolen, Kartellen und dem unlauteren Wettbewerb. Zu diesem Zweck erläßt sie eine Welt-Wettbewerbsordnung, betreibt – vielleicht – eine Welt-Wirtschaftspolitik und richtet ein Weltkartellamt ein, das aber nicht zentralistisch, sondern subsidiär agiert, also nur jene Restaufgaben übernimmt, die die nationalen und die großregionalen (z.B. europäischen) Kartellämter nicht wahrnehmen.

Globaler Sozial- und Umweltstaat? Zur globalen Gerechtigkeit gehören elementare Sozial- und Umweltschutzkriterien, nicht zuletzt eine globale Entwicklungspolitik, die beide um einer interkulturellen Gültigkeit willen aus dem Gedanken der Menschenrechte zu entwickeln sind.

Bei Sozialkriterien ist die Weltrepublik nur subsidiär zuständig, nämlich dort verantwortlich, wo die einzelnen Gemeinwesen sie nicht von sich aus anerkennen. Daß die Weltrepublik überhaupt zuständig ist, ergibt sich aus zwei Argumenten: Das erste, weltbürgerliche Argument ist dort relevant, wo die volkswirtschaftlichen Gewinne fast ausschließlich einer dünnen Oberschicht zugute kommen. Die dadurch Benachteiligten dürfen sich in ihrer Rolle als Welt-Bürger an die Weltrepublik wenden und von ihr Hilfe für soziale Minimalbedingungen erwarten. Das zweite, völkerrechtliche Argument geht vom Wettbewerb der Volkswirtschaften bzw. nationalen Standorte aus: Weil man um der höheren Attraktivität für Kapital und Unternehmen willen die sozialen und ökologischen Kriterien der Konkurrenten zu unterbieten sucht, werden diese Kriterien fast zwangsläufig abgeschwächt. Da im Rahmen weltweit verbindlicher Vereinbarungen zwangsfreie Maßnahmen vorzuziehen sind, könnten die sozial verantwortlichen Staaten freiwillig Großregionen fairen Handels einrichten, die nur den Wettbewerbern Zugang erlauben, die die sozialen und ökologische Minimalbedingungen erfüllen, die darüber hinaus auf tarifäre und nicht-tarifäre Handelshemmnisse verzichten und Exportindustrien in den ärmeren Ländern zu entwickeln helfen.

Zweifellos ist der Reichtum der Erde ungleich verteilt, wobei erstaunlicherweise oft die ressourcenreichen Länder unter Armut leiden: unter materieller Armut, einem geringen Bildungs- und Ausbildungsstand, einem Mangel an elementarer Gesundheitsversorgung und an elementarem Rechtsschutz. Schon die Menschenliebe gebietet, den Notleidenden zu helfen. Das Gebot gehört aber nicht zu den geschuldeten Rechtspflichten, so daß in der Tatsache, daß es reiche und arme Länder gibt, noch kein rechtsmoralisches Argument für Umverteilung liegt. Ein „Dogma der internationalen Gerechtigkeitsdebatte" hält zwar die Verteilungsgerechtigkeit für den exklusiven Kern der Gerechtigkeit und bezieht die Verteilung auf das jeweilige Ergebnis, nicht auf die Anfangsbedingungen. Die Annahme, es gebe eine vorgegebene Menge von Ressourcen, die auf alle Staaten möglichst gleich zu verteilen sind, übergeht aber den Umstand, daß das zu Verteilende großenteils erarbeitet werden muß, so daß man für die gegebene Situation mitverantwortlich ist und im Verdrängen der Mitverantwortung sogar ein Freifahrtschein für Fehlverhalten liegt. Nicht der gegenwärtige Stand der Verteilung ist entscheidend, sondern eine Verbindung der originären Verteilung mit der seitherigen Eigenleistung und der Korrektur von Unrecht.

Während sich die originäre Verteilung „im Dunkel der Vorgeschichte" verliert, konnten sich die Menschen seither an ihre äußeren Bedingungen anpassen und durch eigene Leistungen, etwa ihre Arbeits- und Sozialkultur, einschließlich ihrer Bevölkerungsentwicklung, für ein erträgliches Auskommen selbst unter extremen Naturgegebenheiten sorgen. Vom Standpunkt der Gerechtigkeit sind daher die einzelnen Gemeinwesen für ihr derzeitiges Auskommen zunächst einmal als selbstverantwortlich anzusehen, und ist gegebenenfalls, auch wenn es hart klingt, ein Politikversagen anzunehmen. In der Tat gibt es zahlreiche Ursachen für Fehlentwicklungen, etwa die Vernachlässigung ländlicher Entwicklung, die Bevorzugung der Großgrundbesitzer und Großhändler vor den Kleinbauern und Kleinhändlern und die Förderung wenig sinnvoller Prestigeobjekte. Mitverantwortlich sind auch geringe Einkommens- und Vermögenssteuern für die Reichen, außerdem eine weit verbreitete „Mißwirtschaft und Korruption", nicht zuletzt das Bevölkerungswachstum.

Viele der Faktoren sind allerdings weniger der gesamten Bürgerschaft als einer Machtelite anzulasten, der es auf Machterhalt und Selbstbereicherung statt auf das Gemeinwohl ankommt. Und dafür trägt die Weltordnung eine gewisse Mitverantwortung. Denn jede Gruppe, die innerhalb des Staates eine Übermacht an Gewaltmitteln kontrolliert, kann damit rechnen, als legale Regierung anerkannt zu werden und zugleich zwei Befugnisse zu erhalten: einmal die Verfügungsgewalt über die Rohstoffe des Staates, einschließlich der Befugnis, Eigentumsrechte an den Rohstoffen international rechtsgültig zu übertragen, zum anderen das Recht, im Namen des Staates Kredite aufzunehmen und deren Schuldentilgung der Bürgerschaft trotz wechselnder Regierungen aufzubürden. Weil beide Befugnisse die Macht- und Geldgier wecken, führen sie selbst bei wechselnden Regierungen häufig zu anhaltender Korruption. Nicht überall, wo es jemandem schlecht geht, steht ihm eine gerechtigkeitsgebotene Hilfe zu, wohl aber dort – so ein erster Grund –, wo die Not von außen mitverschuldet ist, und die Hilfe gebührt ihm nach Maßgabe des Mitverschuldens. In diesem Sinn drängt sich eine Änderung des derzeitigen an bloßer Macht orientierten Souveränitätsverständnisses in Richtung auf ein Minimum an rechtsstaatlicher Demokratie auf.

Neben den selbstverantworteten und den von außen mitverantworteten Ursachen geht mangelnde Entwicklung auf ein drittes Faktorenbündel zurück: auf ein massives Unrecht von außen. Bei Kolonialisierung, bei Sklaverei und der Vertreibung aus angestammten Lebensräumen gebietet die korrektive Gerechtigkeit, Entschädigung (Kompensation) zu leisten. Freilich kann weder undifferenziert jedes arme Gemeinwesen sich auf vergangenes Unrecht berufen, noch schuldet die Entschädigung vergangenen Unrechts undifferenziert die gesamte reichere Welt. Gemäß dem Verursacherprinzip ist vielmehr der jeweils Verantwortliche zuständig.

Ein weiteres Argument korrektiver Gerechtigkeit ergibt sich aus dem Umstand, daß der kollektive Vorteil des liberalisierten Weltmarktes nicht allen Gruppen und Völkern gleichermaßen zugute kommt. Infolgedessen haben sowohl Gruppen als auch Gemeinwesen, die ein größeres Risiko der Liberalisierung tragen – sei es vorübergehend oder auf Dauer –, einen Anspruch auf Ausgleich.

Ob natürliche Ressourcen oder Klimaschutz – selbst eine vorsichtige Extrapolation der „ökologischen Weltlage" kommt zu so düsteren Aussichten, daß der Umweltschutz in der Weltrechtsordnung den gleichen Rang wie die Sicherung globaler Sozialstandards verdient. Gegen eine globale Verantwortung könnte zwar die staatliche Souveränität sprechen. Wo die Umwelt ein grenzüberschreitendes Gut ist, gehört sie aber gar nicht einzelnen Staaten. Nicht der Souveränitätsverzicht ist bei grenzüberschreitenden Belastungen angezeigt, sondern der Respekt vor der Souveränität der anderen Staaten. Das Prinzip Subsidiarität bleibt freilich gültig: Wo lokale oder nationale Instanzen Erfolg versprechen, soll sich die Weltrepublik zurückhalten. Bei hinreichenden Gewinnaussichten, etwa hinsichtlich der Arbeitsplätze und der Gewerbesteuer, nehmen die unmittelbar Betroffenen aber Risiken in Kauf, die die mittelbar Betroffenen zu Recht ablehnen, weshalb die unteren Instanzen sich nicht immer gerecht verhalten. Einer entsprechenden Ungerechtigkeit sind auch die nächsten Generationen ausgesetzt. Während die jetzt lebende Generation Geschädigte und Nutznießerin zugleich ist, werden die künftigen Generationen oft lediglich geschädigt.

Hier ist die schon genannte Gerechtigkeit zwischen den Generationen gefordert (s. Abschn. XI. 3): Weil die naturale Natur, von keiner Generation geschaffen, ein Gemeineigentum der Menschheit ist, müssen jede Generation und jeder Einzelstaat, die sich etwas vom Gemeineigentum nehmen, in anderer Weise etwas Gleichwertiges zurückgeben. Der leitende Gerechtigkeitsgrundsatz lautet daher: Die Summe aus naturaler Natur und künstlichen („technischen") Äquivalenten, die ökologische Bilanz, darf sich nicht verschlechtern. Dabei kommt es nicht auf den absoluten Wert, sondern den Pro-Kopf-Wert an. Eine Generation, die sich das Recht nimmt, durch eine wachsende Bevölkerung die Umwelt stärker zu belasten, hat die Pflicht, die ökologische Bilanz insgesamt im selben Maß zu verbessern, in dem sie die Umwelt mehr zu belasten droht. Weil hier und in vielen anderen Bereichen die Gegenwart auf Kosten der Zukunft lebt und weil dies nicht nur regional, sondern in globaler Vernetzung geschieht, ist einmal mehr die Weltrepublik gefordert.

4. Anamnetische Gerechtigkeit

Zur ersten Dimension der Globalisierung, der „globalen Gewaltgemeinschaft", gehört als Kontrapunkt ein „kritisches Weltgedächtnis", das die großen Gewalttaten in Erinnerung behält und bei der Erinnerung Gerechtigkeit pflegt. Nur ein Weltgedächtnis, das die Untaten nicht länger wie bislang in parteilicher Auswahl bewahrt, das überdies an die mancherorts nachhaltige, andernorts aber fehlende Wiedergutmachung erinnert, nur ein gerechtes Weltgedächtnis hilft nämlich, künftigen Gewalttaten vorzubeugen.

Mindestens ebenso wichtig wie dieser präventive Gesichtspunkt ist das Gerechtigkeitsargument selbst: Die Fairneß gegen die Opfer verlangt von der Weltgesellschaft, sich nicht mit der Erinnerung an einige besonders gravierende Verbrechen zu begnügen und sie keinesfalls selektiv wahrzunehmen. Daß gewisse Genozide tief ins Weltgedächtnis eingegraben, andere dagegen lieber kleingeredet oder verdrängt werden, ist ein elementares „anamnetisches Unrecht" an den Opfern.

5. Weltrechts- und Weltgerechtigkeitssinn

Außer Institutionen braucht eine Weltrepublik auch Bürgertugenden. Eine erste Weltbürgertugend, der Weltrechtssinn, ist zunächst auf seiten der Einzelstaaten erforderlich. Denn häufig erwartet die Bürgerschaft von ihren Amtsträgern, die Weltgesetzgebung nur selektiv zu übernehmen, dort nämlich, wo es dem (kollektiven) Eigeninteresse dient, allenfalls noch dort, wo keine großen Opfer abverlangt werden. Für die Weltrepublik gilt daher das zum Einzelstaat Analoge: Wenn nicht die überwiegende Zahl der Bürger in den allermeisten Fällen freiwillig mit der Weltgesetzgebung konform geht, indem man sie in die eigene Rechtsordnung übernimmt und mittels Verwaltung und Gerichtsbarkeit durchsetzt, stößt die Rechtsdurchsetzungskapazität der Weltrepublik rasch an Grenzen. Auch droht jenes Trittbrettfahren, das von der bisherigen Weltorganisation, den Vereinten Nationen, bekannt ist: Gewisse Staaten nützen die Vorteile aus, ohne die Nachteile, teils die finanziellen Abgaben, teils die Mitwirkung bei weltrepublikanischen Einsätzen, mitzutragen. Und bekanntlich beherbergt ein Staat, die Schweiz, globale Institutionen, ohne selber den Vereinten Nationen beizutreten.

Von demokratisch verfaßten Einzelstaaten möchte man eine erhöhte Bereitschaft zur Ausbildung eines Weltrechtssinns erwarten. Aus der Sozialpsychologie weiß man aber um die Differenz von Innen- und Außenverhalten: Was eine Demokratie im Innern pflegt, die rechtskonforme Konfliktlösung, überträgt sie keineswegs wie selbstverständlich auf die Beziehungen nach außen. Überdies ist eine Demokratie nicht bloß ein Rechtsstaat zum Schutz universalistischer Rechtsgüter, sondern auch eine Kampfarena zur Durchsetzung partikularer Interessen. In diesem Sinn kann eine raffinierte Bürgerschaft, gegebenenfalls unter dem Deckmantel des weltföderalen Ungehorsams, für sich Sondervorteile suchen.

Auch in der Weltrepublik sind die Menschen nicht bloß den Gesetzen unterworfen, sondern wirken, über entsprechende Regierungs- und Nichtregierungsorganisationen vermittelt, bei der Gesetzgebung mit. Weil dabei die strukturell selben Probleme wie beim Einzelstaat auftauchen, braucht es wie dort nicht bloß institutionelle Gegenmaßnahmen, sondern auch einen Gerechtigkeitssinn: für das Weltbürgerparlament einen kosmopolitischen Gerechtigkeitssinn und für das Weltstaatenparlament einen weltföderalen Gerechtigkeitssinn.

Bei einem Einzelstaat erfüllt der Gerechtigkeitssinn drei Aufgaben: bei der Errichtung einer rechtsstaatlichen Demokratie, ihrer Fortbildung und dem Handeln innerhalb der Institutionen und Gesetze. Alle drei Aufgaben finden sich bei der Weltrepublik wieder. Die sachlich erste Stufe, ein *initiatorischer* Weltgerechtigkeitssinn, hilft, eine Weltrechtsordnung auf den Weg zu bringen und schließlich die föderale Weltrepublik einzurichten. Zu diesem Zweck müssen alle Menschen (so der kosmopolitische Weltgerechtigkeitssinn) und alle Staaten (so der weltföderale Weltgerechtigkeitssinn) sich wechselseitig als gleichberechtigt anerkennen. Weder dürfen sie andere unterdrücken oder ausbeuten, noch für sich selber Privilegien beanspruchen. Damit die Fortentwicklung der föderalen Weltrepublik nicht nur von der jeweiligen Machtverteilung abhängt, braucht es zweitens einen *legislatorischen* Weltgerechtigkeitssinn. Schließlich ist ein *applikativer* Weltgerechtigkeitssinn vonnöten, um dem Unrecht und der Unterdrückung in aller Welt gleichermaßen entgegenzutreten. In seiner anspruchsvollen Gestalt wird der Weltgerechtigkeitssinn sogar zu jenem Gefühl der Billigkeit gegen andere Nationen, das Johann Gottfried von Herder (1744–1803) in den *Briefen zur Beförderung der Humanität* verlangt (119. Brief: *Werke*, Bd. VII, S. 723): daß jede Nation „sich an die Stelle jeder andern fühle" und „den frechen Übertreter fremder Rechte" ebenso „hasse" wie „den kecken Beleidiger fremder Sitten und Meinungen, den prahlenden Aufdringer seiner eigenen Vorzüge an Völker, die diese nicht begehren".

6. Eine realistische Vision

Der Gedanke einer Weltrepublik ist keineswegs, wie mancher befürchtet, ein lebensfremdes Ideal, eine bloße Utopie. Auch wenn viele Fortschritte im Schneckentempo erfolgen, darf man nicht übersehen, wie viel schon erreicht ist. Längst ist das bloße Gegeneinander der Staaten einem dichten Netz von Verträgen und Organisationen gewichen, das dem globalen Zusammenleben Regeln und in manchen Bereichen schon mittels eines feinabgestuften Systems von Sanktionen Durchsetzungsmöglichkeiten vorgibt. Auf diese Weise findet ein fast unmerklicher, aber doch mehr und mehr erheblicher Souveränitätsverlust statt. Er wird dort verstärkt, wo man internationale Inspektionen, vielleicht sogar internationale Schiedsinstanzen, gelegentlich sogar schon Gerichtshöfe einrichtet. Und unübersehbar ist eine gewisse globale Staatlichkeit, sobald die Gerichtsentscheide Durchsetzungsmacht erhalten. Damit erweist sich die Weltrepublik nicht als eine schwärmerische Utopie des grundsätzlichen Nirgendwo, sondern als eine Utopie des Noch-Nicht. Sie ist ein politisches Ideal, dessen Verwirklichung nicht nur gerechtigkeitsgeboten ist, sondern zu dem die Weltgesellschaft schon tatsächlich unterwegs ist. Sie erweist sich als eine realistische Vision, befördert durch die starken Antriebskräfte der Globalisierung: (1) durch den per saldo positiven Ertrag von Medizin, Technik und rationaler Ökonomie, (2) durch die damit verbundene globale Wissenschaftskultur, (3) durch eine dem Menschen natürliche Neugier, (4) weil unter den Bedingungen von Recht und Demokratie die Wirtschaft und die Wissenschaft besser gedeihen,

(5) weil ein faires Wirtschaften nach der Bekämpfung von Kriminalität (Geldwäsche, Steuerhinterziehung, Raubdrucke großen Stils, Mißachtung von Patenten ...) und eines unlauteren Steuerwettbewerbs („Steueroasen") verlangt und (6) weil Recht, Menschenrechte und Demokratie, wenn sie nicht gewaltsam unterdrückt werden, „politische Selbstläufer" sind.

Spricht man bei der erstmaligen Einrichtung demokratischer Rechtsstaaten von einer republikanischen Revolution, so kann die Einrichtung einer Weltrepublik eine zweite republikanische Revolution heißen. Im Unterschied zur ersten erfolgt sie nicht in jener handstreichartigen Umwälzung, die auf Grund von Arglist und Gewalt mannigfaches Unrecht mit sich führt. Sie geschieht in einer Form, die dem Jakobiner-Terror ebenso entkommt wie den Gewalttaten im Zuge und Gefolge der Oktoberrevolution: auf dem Weg von Reformen. Nötig ist es, die anfallenden Konflikte Thema für Thema, also in vielen kleinen Schritten, in durchsetzungsfähige Rechtsgestalten zu überführen. Vielleicht ist auch die republikanische Ordnung zwischen republikanisch verfaßten Staaten, die Weltrepublik, für längere Zeit nichts anderes als der Inbegriff all dieser nach und nach errichteten internationalen Rechtsgestalten.

XIV. Sonderstrategien

Gerechtigkeitsgrundsätze haben nicht den Rang von Obersätzen für eine logische Ableitung. Selbst die Menschenrechte sind mittlere Gerechtigkeitsprinzipien, die nur zum geringen Teil ein konkretes Tun oder Lassen gebieten, in der Regel aber Direktiven für die Urteilskraft sind: Bewertungs- und Gestaltungsprinzipien, nach deren Maßgabe die gegebenen Verhältnisse wahrgenommen, beurteilt und gegebenenfalls Verbesserungen unterworfen werden. Zusätzlich sind Sachgesetzlichkeiten zu beachten, so daß drei methodisch grundverschiedene Elemente miteinander zu vermitteln sind: Gerechtigkeitsprinzipien wie die Menschenrechte mit den Funktionsanforderungen von Politik, Gesellschaft und Wirtschaft und mit der konkreten Situation. Die Vermittlung erfolgt in zwei Stufen: *Diskurse* politischer Gerechtigkeit bestimmen nähere Gerechtigkeitsprinzipien, die mittels *Strategien* politischer Gerechtigkeit umgesetzt werden.

Die Strategien haben eine doppelte, eine Wissens- und eine Wollensseite; jene betrifft die Bestimmung, diese die nähere Anerkennung. Entsprechend gibt es zwei Gerechtigkeitsstrategien, die sich aber nicht bloß ergänzen, sondern auch ineinander greifen: Während *Beurteilungsstrategien* für die bereichsspezifischen Gerechtigkeitsprinzipien die konkrete Gestalt bestimmen, sorgen *Positivierungsstrategien* für die geschichtlich konkrete Anerkennung. Beide Strategien sind ihrer Struktur nach methodische Kommunikationsprozesse, bei denen (wissenschaftlicher) Sachverstand und Politik miteinander kooperieren. Dabei fallen die mitverantwortlichen Situationsfaktoren in verschiedenen Ländern und zu verschiedenen Zeiten unterschiedlich aus. Weil auch die genauen Rechtsvorgaben sich unterscheiden, fordern die Strategien politischer Gerechtigkeit keine identische Gestaltung der Verhältnisse in aller Welt. Sie bekräftigen vielmehr das Recht auf Differenz.

An zwei Beispielen sei gezeigt, wie sich Diskurse politischer Gerechtigkeit mit der Zulässigkeit von *Sonderstrategien* politischer Gerechtigkeit befassen.

1. Bürgerlicher Ungehorsam

Ein Widerstandsrecht und dessen kleiner Bruder, der bürgerliche Ungehorsam, sind im abendländischen Rechtsdenken heftig umstritten. Während Sophokles' *Antigone* sich eher für ein Widerstandsrecht einsetzt, hält Sokrates den Widerstand selbst gegen ein ungerechtes Todesurteil dann für ungerecht, wenn man mit seinem Gemeinwesen bislang im wesentlichen einverstanden war. Im Christentum bildet sich ein Widerstandsrecht aus dem Konflikt zwischen der Forderung, der von Gott eingesetzten Obrigkeit zu gehorchen (*Römer* 13, 1), und dem Gebot, Gott mehr zu gehorchen als den Menschen (*Apostel-*

geschichte 5, 29). Nach dem germanischen Lehnsrecht darf der Lehnsmann bei offensichtlichen Rechtsverstößen des Lehnsherren diesem die Treue aufkündigen und Widerstand leisten. Im Mittelalter bildet sich diese Befugnis zu einem Widerstandsrecht als Instrument der Herrscherkontrolle aus, die aber nur den Ständen zusteht: dem Adel, Klerus und Patriziat. Erst Locke billigt auch Privatpersonen ein Widerstandsrecht zu, während es Kant aus verfassungstheoretischen Gründen verwirft.

Unter den Bedingungen eines demokratischen Rechtsstaates kann ein Widerstandsrecht, wenn überhaupt, so allein in Ausnahmefällen und auch dann nur unter strengen Auflagen gerechtfertigt sein. Um nicht das falsche Pathos eines Widerstandes gegen Diktatur und Tyrannis anklingen zu lassen, spricht man besser von (staats-)bürgerlichem Ungehorsam. Auch dann erheben sich noch drei Einwände: (1) Ein vom Recht erlaubter, „legalisierter Ungehorsam" erscheint in einem Rechtsstaat als rechtstheoretisch widersprüchlich. Als ein „Recht gegen das Recht", als ein ius contra legem, ist er kein Bestandteil der Rechtsordnung, vielmehr ein „Recht außerhalb des Rechts", ein ius extra legem. (2) Das Gewaltmonopol, das der moderne Staat ausübt, macht den bürgerlichen Ungehorsam letzten Endes chancenlos, es sei denn, er findet eine überwältigende Zustimmung, die dann aber die Rechtsordnung selbst verändert, vielleicht sogar umstürzt. (3) Wegen der Selbstgesetzgebung des Volkes, der Demokratie, und ihrer Anerkennung von Menschen- und Grundrechten ist der bürgerliche Ungehorsam politisch überflüssig.

Recht besehen, folgt aus den drei Einwänden kein absolutes Veto, wohl aber eine Reihe von Kriterien: Der erste Einwand ist nur gegen ein legalisiertes, positives und justitiables, Recht triftig. Wer sich auf bürgerlichen Ungehorsam einläßt, beruft sich daher besser auf vor- und überpositive Verbindlichkeiten. Außerdem muß er sich im klaren sein, daß er gegen geltendes Recht verstößt, weshalb er sich über legale Rechtsfolgen nicht entrüsten darf. Allenfalls kann er die Justiz oder den vorgeordneten Gesetzgeber zu überzeugen versuchen und dann hoffen, doch straffrei auszugehen. Weil der Ungehorsam rechtsmoralisch motiviert ist, muß er – so zum zweiten Einwand – nicht vor der überwältigenden Macht des Staates zurückschrecken. Im übrigen ist diese – so zum dritten Einwand – doppelköpfig. Statt den Rechten der Menschen und Bürger nur zu dienen, sind selbst rechtsstaatliche Demokratien gegen Unrecht nicht gefeit, woraus indirekt ein weiteres Kriterium folgt. Ein legitimer Ungehorsam muß sich gegen krasse Ungerechtigkeit wenden und darf dabei nicht selbst Unrecht begehen.

Innerhalb demokratischer Rechtsstaaten ist der allein legitime Ungehorsam etwa durch folgende Elemente zu definieren: (1) Er ist moralisch-politisch motiviert, (2) findet öffentlich, aber (3) gewaltlos und (4) mit verhältnismäßigen Mitteln statt. (5) Er verletzt zwar geltendes Recht, (6) dient aber einer Minderheit als Notrecht, mit dem sie an die „verbohrte Mehrheit" appelliert, Entscheidungen zu überprüfen, die (7) fundamentale Gerechtigkeitsprinzipien wie die Menschen- und Bürgerrechte aufs Spiel setzen. Da es in der Regel umstritten ist, ob die letzte Bedingung zutrifft, da zudem Minderheiten ihren Ungehorsam als strategisches Mittel für Sondervorteile mißbrauchen können, sind zwei weitere Bedingungen zu erfüllen: (8) Die legalen Formen von Protest und Opposition müssen schon ausgeschöpft sein. (9) Um zumindest indirekt die moralisch-politische Aufrichtigkeit zu beweisen, muß man bereit sein, Nachteile in Kauf zu nehmen. Aus dem Umstand, daß ein erfolgreicher Ungehorsam den Gesetzgeber von der Notwendigkeit von Reformen überzeugt, ergibt sich ein letzter Gesichtspunkt: (10) In dem Maße, wie sich das Gemeinwesen reformiert, verliert der bürgerliche Ungehorsam sein Recht.

2. Humanitäre Intervention

Wie ein Individuum ist auch ein Gemeinwesen zur Selbstverteidigung berechtigt. Strittig ist erst die Frage, ob man auch dann zu den Waffen greifen darf, wenn man nicht sich selbst und seine Rechte, sondern andere Menschen und deren Rechte verteidigt: Ist die sogenannte humanitäre Intervention legitim?

Die positive Antwort beruft sich auf eine Analogie: Nicht derjenige, der jemandem in Notwehr beisteht, begeht ein Unrecht, sondern eher derjenige, der die Hilfe in Not verweigert. Unterlassene Nothilfe ist kein Ausdruck überlegener Moral. Entweder ist man zu schwach oder aus anderen Gründen nicht fähig zu helfen; oder man „drückt sich": aus Bequemlichkeit, aus Opportunität oder aus Angst. Wer dagegen die Nothilfe auf sich nimmt, zeichnet sich durch Mit-Leiden aus und durch die Bereitschaft, mit dem Mit-Leiden ernst zu machen. Die Bedingungen sind allerdings ersichtlich streng. Der Anlaß muß rechtens sein, ferner der Träger der Intervention, nicht zuletzt die Art und Weise ihrer Durchführung. Und alle drei Bedingungen sind gleichermaßen zu erfüllen; selbst ein noch so legitimer Anlaß erlaubt keine minder legitime Durchführung.

Unstreitig kann der Anlaß nur in massivem, überdies zweifelsfreiem Unrecht bestehen. Im Sinne der Nothilfe darf man nur dort eingreifen, wo gegen klares Recht sowohl klarerweise als auch eklatant verstoßen wird, was etwa bei wiederholt gravierenden Menschenrechtsverletzungen der Fall ist, zumal bei interkulturell geächteten Delikten wie der Vergewaltigung von Frauen, der Vertreibung von Zivilisten und der Exekution Unbewaffneter.

Die legitime Antwort auf klares Unrecht ist ebenfalls klar: Einerseits ist das Opfer des Unrechts in sein Recht zu setzen, beispielsweise eine vertriebene Bevölkerung in ihre Heimat zurückzulassen und ihr dort eine friedliche Existenz zu sichern. Andererseits sind die schuldigen Täter zur Rechenschaft zu ziehen, vornehmlich die Täter selbst, in gebührender Weise auch die Mitläufer. Eine der Haupteigenschaften des modernen Staates, die Souveränität, scheint dem zwar zu widersprechen, da sie angeblich keine Eingriffe von außen erlaubt. Selbst Jean Bodin, auf den der Begriff zurückgeht, unterwirft den Souverän aber rechtsmoralischen Verbindlichkeiten, so daß die Legitimation staatlicher Gewalt sich auch hier schon immer mit ihrer Limitation verbindet. Eine absolute, uneingeschränkte Hoheitsgewalt, gewissermaßen ein Recht auf Diktatur, Tyrannis oder gar einen totalitären Staat, war die Souveränität nie.

Neuere Entwicklungen im Völkerrecht, namentlich die *Charta der Vereinten Nationen* und die beiden Menschenrechtspakte von 1966, bekräftigen die Sachlage und versperren den beliebten „Fluchtweg", die einschlägigen rechtsethischen Verbindlichkeiten könnten bestenfalls unter europäischen Prämissen überzeugen.

Durch die Anerkennung derartiger Verträge, mithin durch Selbstverpflichtung, wurden die Menschenrechte allgemein beglaubigt und setzten somit das Argument, Menschenrechtsverletzungen seien eine rein innere Angelegenheit, außer Kraft.

Offensichtlich sind die beiden ersten Gruppen von Bedingungen sehr anspruchsvoll und reichen trotzdem zur Legitimation nicht aus. Weil nämlich jede Privatjustiz ein Unrecht ist, muß sich das Opfer einer Rechtsverletzung an die autorisierten, öffentlichen Gewalten wenden. Sie fehlen aber für die zwischen- und überstaatliche Ebene. Und eine Vorstufe, die Vereinten Nationen, leidet seit ihrer Gründung unter dem gravierenden Geburtsfehler, sogar rechtsethischen Widerspruch, daß ihre Verfassung, die *Charta*, einerseits auf universale Menschenrechte verpflichtet ist, und sie andererseits im Sicherheitsrat partikulare Privilegien zementiert, eine Kollektivhegemonie von fünf Großmächten.

Eine humanitäre Intervention, die nicht von einem globalen Gemeinwesen getragen wird, ist daher nur ein zweitbester Weg: eine Notlösung mangels besserer Möglichkeiten. Sie kann aber – dies ist unter diesen Umständen die dritte Bedingung – als Ausnahmerecht zulässig sein, in Analogie zur innerstaatlichen Notwehr dort erlaubt, wo man einem zur Notwehr Berechtigten im Rahmen von dessen Notwehr hilft. Der Beistand bei Notwehr ist freilich von Parteilichkeit bedroht, beispielsweise von der Innenpolitik des zu Hilfe eilenden Staates, ferner von der Gefahr einer Verquickung mit wirtschaftlichen Interessen, nicht zuletzt von ethischen, religiösen oder politischen Zugehörigkeitsgefühlen. Die gravierenden Menschenrechtsverletzungen, die an vielen Orten der Welt stattfinden, zeigen daher, daß die Menschheit seit Jahren ihre wichtigste „Hausaufgabe" versäumt: die Errichtung einer Weltrechtsordnung mit öffentlichen Gewalten, die dort unparteiisch und wirksam für Recht sorgen, wo die primären Rechtsverantwortlichen, die öffentlichen Gewalten einzelner Staaten, das Recht systematisch und massiv verletzen.

Eine legitime humanitäre Intervention hat noch eine vierte Gruppe von Bedingungen zu erfüllen: Weder darf der „gute Samariter" gegen eine Minimalbedingung von Gerechtigkeit verstoßen und im Namen der Wiederherstellung von Recht selbst Unrecht begehen, beispielsweise Jagd auf Zivilisten machen oder gar ganze Städte zerstören, noch dürfen die Maßnahmen mehr Schaden anrichten, als sie verhüten. Statt dessen müssen sie mit Klugheit und Augenmaß, außerdem zur rechten Zeit erfolgen, nicht zuletzt nur als ultima ratio, das heißt erst am Ende einer Reihe von vormilitärischen Mitteln eingesetzt werden.

XV. Mehr als Gerechtigkeit: Gemeinsinn und Freundschaft

Die politische Gerechtigkeit bedeutet viel und ist doch für ein gutes Zusammenleben zu wenig. Sie beschränkt sich nämlich auf das, was die Menschen einander schulden. Nicht nur die personale Moral fordert mehr, beispielsweise Freigebigkeit, Wohlwollen und Großzügigkeit. Auch zum „schönen": zum angenehmen, guten und humanen Leben des Gemeinwesens reicht die politische Gerechtigkeit nicht aus.

Zur lebendigen Demokratie gehört eine Bürgergesellschaft, auch Zivilgesellschaft genannt, die nicht nur im politischen, sondern auch im sozialen Bereich kräftig mitwirkt: von der

Betreuung Älterer, Kranker und Sterbender über die von Asylbewerbern, Stipendiaten und ausländischen Studenten bis zur vielfältigen Selbstverwaltung in Wissenschaft, Forschung und kulturellen Einrichtungen, nicht zuletzt gibt es die Mitarbeit in der freiwilligen Feuerwehr, in karitativen Verbänden oder sozial engagierten Bürgerclubs. Mit der Übernahme von gemeinnützigen Aufgaben in eigener Verantwortung wird zweierlei erreicht: Zum einen tritt die Bürgerschaft einer zunehmenden „Verstaatlichung der Gesellschaft" entgegen. Eine wahre Bürgergesellschaft wehrt sich gegen wachsende Staatsverantwortung und ihre Schattenseiten, die zunehmende Reglementierung, Bürokratisierung, Spezialisierung und Fragmentierung des Gemeinwesens. Überdies grenzt sie die finanzielle Belastung des Staates ein. Zum anderen erfolgt die entsprechende Hilfe nicht wie die Steuern oder der Militär- bzw. Zivildienst erzwungen, sondern freiwillig. Es handelt sich nicht länger um einen verordneten, sondern freien Gemeinsinn, mithin um das Zeichen dessen, was im griechischen Ausdruck für Freigebigkeit anklingt; *eleutheriotês* ist die Haltung, die den Freien auszeichnet: Wer im emphatischen Sinn frei ist, klebt nicht an seinen materiellen Gütern fest, auch läßt er sich nicht von seiner Berufs- und Freizeit „auffressen", pflegt vielmehr mit ihnen einen souveränen Umgang und gibt, wo er es für angemessen hält, von beidem ab: Er opfert Geld und Zeit. Der freie Gemeinsinn wird auch nicht bürokratisch, sondern persönlich tätig. Er schafft nichtinstitutionelle Beziehungen und fördert jene Freundschaft, die nach einem der großen Gerechtigkeitstheoretiker, Aristoteles, für ein Gemeinwesen sogar wichtiger als selbst die Gerechtigkeit ist. Zu Recht kommt es Aristoteles (*Nikomachische Ethik*, Bücher VIII–IX) nicht bloß auf die romantische Seelenfreundschaft, sondern auch auf die Vielfalt weiterer persönlicher Beziehungen an: auf Kameradschaft und Gastfreundschaft, auf Ehe-, Familien- und Nachbarschaftsbeziehungen, auf das Vereinsleben, selbst Seilschaften, nicht zuletzt Beziehungen der gegenseitigen Hilfe. All diesen freundschaftlichen Bindungen gelingt, wozu Institutionen allein nicht fähig sind: eine Ver-

Abb. 6: Ambrogio Lorenzetti, Allegorie der Concordia (Eintracht)
aus: Das Gute Regiment, 1338/40, Siena, Palazzo Pubblico

flechtung der Menschen untereinander, die von der Sorge für Zusammenhalt und Eintracht statt von Zwietracht und Gewalt geprägt ist. Zugleich tragen sie, meist ohne Pathos und doch sehr wirksam, zum Gemeinwohl bei.

Neben dem sozialen Gemeinsinn gibt es eine zweite, kulturelle Gestalt. Sie betrifft die gemeinsamen, aber nicht notwendig exklusiv gemeinsamen Elemente wie Sprache, Literatur, Musik, Kunst und Architektur. Wer sich der Verantwortung für künftige Generationen stellt, geht mit den Schlagworten der „Kulturnation" oder dem „Volk der Dichter und Denker" sparsam um. Die Sache selbst nimmt er jedoch ernst, engagiert sich für die der eigenen Gesellschaft und trägt dazu bei, den künftigen Generationen ein mindestens ebenso reiches Kapital an Sprache und Kultur zu hinterlassen, wie er es ererbt hat. Und ein dritter, ökologischer Gemeinsinn ist vor allem in der heutigen Zivilisationsform erforderlich. Wie Eltern ihren Kindern lieber ein größeres Erbe hinterlassen, als sie selbst erhalten haben, so müßte eine der Naturkräfte so mächtige Gesellschaftsform wie die wissenschaftlich-technische Zivilisation ihren Stolz darein setzen, ihren Kindern und Kindeskindern eine ökologisch bessere Bilanz zu vererben.

Literatur

(Die im Text angegebenen Kurztitel der zitierten oder erwähnten Schriften sind kursiv gesetzt.)

Aischylos: Die *Orestie*, übers. v. E. Staiger, Stuttgart 1958; griech. Tragoediae, hrsg. v. G. Murray, Oxford 1960, S. 207–367

Aristoteles: Die *Nikomachische Ethik*, übers. v. O. Gigon, München ²1975 (¹1955); griech. Ethica Nicomachea, hrsg. v. I. Bywater, Oxford 1979

–: *Politik*, nach der Übers. von F. Susemihl, neu hrsg. v. W. Kullmann, Reinbek 1994; griech. Politica, hrsg. v. W. D. Ross, Oxford 1957

–: *Rhetorik*, übers. u. erl. v. Fr. Sieveke, München 1995; griech. Ars rhetorica, hrsg. v. R. Kassel, Berlin 1976

Assmann, J.: *Ma'at*. Gerechtigkeit und Unsterblichkeit im Alten Ägypten, München ²1995

Augustinus: *Vom Gottesstaat*, 2 Bde., Zürich/München 1955; lat. De civitate dei, Turnhout 1955

Brunner, E.: *Gerechtigkeit*. Eine Lehre von den Grundgesetzen der Gesellschaftsordnung, Zürich 1943

Cicero, M. T.: *De legibus* / Über die Gesetze. Paradoxa Stoicorum / Stoische Paradoxien, lat./dt., hrsg., übers. u. erl. v. R. Nickel, München/Zürich 1994

–: *De officiis* / Vom rechten Handeln, lat./dt., eingel. u. neu übers. v. K. Büchner, München/Zürich ²1964

Dürrenmatt, Fr.: *Monstervortrag* über Gerechtigkeit und Recht. Nebst einem helvetischen Zwischenspiel (eine kleine Dramaturgie der Politik), Zürich 1969

Forsthoff, E.: Die *Verwaltung* als Leistungsträger, Stuttgart/Berlin 1938

Goethe, J. W. v.: *Werke*. Hamburger Ausgabe in 14 Bänden, hrsg. v. E. Trunz, München ¹¹1989 (Hamburg ¹1953)

Habermas, J.: *Faktizität und Geltung*. Beiträge zur Diskurstheorie des Rechts und des demokratischen Rechtsstaats, Frankfurt/M. 1992

Hamilton, A./Jay, J./Madison, J.: The *Federalist Papers* (1788), hrsg. v. I. Kramnick, London/New York 1987; dt. Die Federalist Papers, Darmstadt 1993

Hayek, Fr. A. v.: Law, legislation and liberty, Bd. II: *The Mirage of Social Justice*, London 1976; dt. Recht, Gesetzgebung und Freiheit, Bd. II: *Die Illusion der sozialen Gerechtigkeit*, München 1981

Herder, J. G. v.: Werke, hrsg. v. M. Bollacher, Bd. VII: *Briefe zur Beförderung der Humanität*, Frankfurt/M. 1991

Hesiod: *Erga*. Von Arbeit, Wettstreit und Recht, übers. u. erl. v. W. Marg, Zürich 1968; griech. Theogonia, Opera et dies, Scutum, hrsg. v. Fr. Solmsen, Oxford 1984

Hobbes, Th.: *Leviathan* oder Stoff, Form und Gewalt eines kirchlichen und bürgerlichen Staates, hrsg. u. eingel. v. I. Fetscher, übers. v. W. Euchner, Frankfurt/M. ⁸1998; engl. Leviathan, or the Matter, Form and Power of a Commonwealth, Ecclesiastical and Civil, hrsg. v. C. B. Macpherson, Harmondsworth u. a. 1968

Höffe, O.: *Politische Gerechtigkeit*. Grundlegung einer kritischen Philosophie von Recht und Staat, Frankfurt/M. ²1994 (¹1987)

–: *Demokratie im Zeitalter der Globalisierung*, München ²2002

Hoffmann, R.: *Verfahrensgerechtigkeit*. Studien zu einer Theorie prozeduraler Gerechtigkeit. Rechts- und staatswissenschaftliche Veröffentlichungen der Görres-Gesellschaft, hrsg. v. A. Hollerbach u. a., Paderborn 1992

Horn, C./N. Scarano (Hrsg.): Philosophie der Gerechtigkeit. Texte von der Antike bis zur Gegenwart, Frankfurt/M. 2002

Hume, D.: Enquiries Concerning Human Understanding and Concerning the Principles of Morals, hrsg. v. L. A. Selby-Bigge, Oxford ³1975 (¹1894); dt. Eine Untersuchung über die *Prinzipien der Moral*, übers. v. G. Streminger, Stuttgart 1984

Kant, I.: Gesammelte Schriften, hrsg. v. d. Königlich Preußischen Akademie der Wissenschaften, Berlin 1902 ff. (Akademie-Ausgabe): Die Metaphysik der Sitten. Erster Teil: Metaphysische Anfangsgründe der *Rechtslehre*, Bd. VI, S. 203–372; *Zum ewigen Frieden*. Ein philosophischer Entwurf, Bd. VIII, S. 341–386; *Vorlesung über Pädagogik*, Bd. IX

Leo XIII.: *Immortale Dei*, in: Texte zur katholischen Soziallehre, Kevelaer ⁵1982

Locke, J.: *Second Treatise on Government*, hrsg. u. eingel. v. C. B. Macpherson; dt. Über die Regierung, übers. v. D. Tidow, hrsg. v. P. C. Mayer-Tasch, Stuttgart 1974

Luhmann, N.: *Legitimation durch Verfahren*, Neuwied/Berlin 1969

–: *Ausdifferenzierung des Rechts*. Beiträge zur Rechtssoziologie und Rechtstheorie, Frankfurt/M. 1981

–: *Paradigm Lost*. Die ethische Reflexion der Moral, Stuttgart 1988

Marx, K.: *Zur Judenfrage*, in: Werke (MEW), Berlin 1966 ff., Bd. I, S. 347–377

–/Engels, Fr.: *Die deutsche Ideologie*. Kritik der neuesten deutschen Philosophie in ihren Repräsentanten Feuerbach, B. Bauer und Stirner, und des deutschen Sozialismus in seinen verschiedenen Propheten, in: Werke (MEW), Berlin 1966 ff., Bd. III

Mauss, M.: Essai sur le don. Forme et raison de l'échange dans les sociétés archaïques (1923/24), wiederabgedruckt in: Sociologie et Anthropologie, Paris ⁵1993; dt. *Die Gabe*. Form und Funktion des Austauschs in archaischen Gesellschaften, Frankfurt/M. 1968

Mill, J. St.: On Liberty and Considerations on Representative Government, Oxford 1948; dt. *Über die Freiheit*, übers. v. B. Lemke, Stuttgart 1974

–: Utilitarianism, Glasgow 1982; dt. Der *Utilitarismus,* übers. v. D. Birnbacher, Stuttgart 1976

Mong Dsi [Meng Zi]: Die menschliche Natur ist gut, in: Die Lehrgespräche des Meisters Meng K'o, übertr. u. erl. v. R. Wilhelm, Köln 1982

Montesquieu, Ch. L. de: De l'esprit des lois, in: Œuvres complètes, Bd. II, Paris 1949, S. 227–995; dt. *Vom Geist der Gesetze,* übers. u. hrsg. v. E. Forsthoff, Tübingen 1951

Morgan, L.: *League of the* Hode'nosaunee or *Iroquis,* Rochester 1851

Nietzsche, Fr.: Werke. Kritische Studienausgabe, hrsg. v. G. Colli u. M. Montinari, Berlin 1988: Zur *Genealogie der Moral,* Bd. V, S. 246–412

Pascal, B.: Pensées, hrsg. v. Fr. Kaplan, Paris 1982; dt. *Gedanken,* übers. v. U. Kunzmann, Stuttgart 1997

Pius IX.: *Quadragesimo anno,* in: Texte zur katholischen Soziallehre, Kevelaer [5]1982

Platon: Werke, griech./dt., hrsg. v. G. Eigler, Bd. IV: *Politeia* / Der Staat, übers. v. Fr. Schleiermacher, Darmstadt [2]1990 ([1]1971)

Prodi, P.: Una storia della giustizia. Dal pluralismo dei fori al moderna dualismo tra coscienza e diritto, Bologna 2000; dt. *Eine Geschichte der Gerechtigkeit. Vom Recht Gottes zum modernen Rechtsstaat*, München 2003

Radbruch, G.: *Gesetzliches Unrecht und übergesetzliches Recht* (1946), in: Gesamtausgabe, hrsg. v. A. Kaufmann, Bd. III, Heidelberg 1990, S. 83–93

Rawls, J.: A Theory of Justice, Cambridge, Mass. 1971; dt. *Eine Theorie der Gerechtigkeit,* Frankfurt/M. 1975

Rousseau, J.-J.: Du *contract social* ou principes du droit politique, in: Œuvres complètes, Paris 1959 ff., Bd. III, S. 349–470; dt. Vom Gesellschaftsvertrag oder Die Grundsätze des Staatsrechtes, übers. v. H. Denhardt, Stuttgart 1991

Sophokles: Antigone, griech. Text hrsg. v. M. Griffith, Cambridge 1999; dt. *Antigone,* übers. v. W. Schadewaldt, Frankfurt/M., Leipzig 1999

Wagner, A.: Der *Richter.* Geschichte, aktuelle Fragen, Reformprobleme, Karlsruhe 1959

Personenregister

Aischylos 18 f., 54, 81
Aristoteles 22–25, 32, 44, 58, 62 f., 84, 92, 93, 96, 119
Assmann, J. 14 f.
Augustinus 35, 36
Beccaria, C. 80
Bloch, E. 41
Bodin, J. 116
Brunner, E. 84
Cicero, M.T. 52, 58
Dante Alighieri 23
Dürrenmatt, Fr. 33 f.
Engels, Fr. 39
Forsthoff, E. 88
Goethe, J. W. v. 9 f., 23
Grotius, H. 41
Habermas, J. 47
Hadrian VI. 54
Hamilton, A. 59
Hammurapi (12), 15, 53
Hart, H. L. A. 35 f., 41
Hayek, Fr. v. 84
Hegel, G. W. Fr. 41, 79
Herder, J. G. v. 111
Hesiod 17 f.
Hobbes, Th. 35, 63
Höffe, O. 34, 68, 97
Homer 17 f.
Hume, D. 26
Justinian 49
Kant, I. 41, 44 f., 50, 54, 58, 63, 65, 79, 96 f., 113

Karneades 9
Kelsen, H. 35 f.
Leo XIII. 73
Locke, J. 41, 63, 68, 113
Lorenzetti, A. 45, 120
Luhmann, N. 37 f.
Luther, M. 54
Marx, K. 39, 73 f.
Mauss, M. 85
Mill, J. St. 32, 38 f.
Mohammed 33
Mong Dsi (Meister Meng) 72
Montesquieu, Ch. de 55, 59, 80
Morgan, L. 72
Nietzsche, Fr. 13, 83
Nozick, R. 68
Pascal, B. 9
Pius IX. 84
Platon 20–22, 26, 31 f., 33, 52, 61, 62, 96
Pufendorf, S. 41
Radbruch, G. 36
Rawls, J. 66–70
Rousseau, J.-J. 63
Shakespeare, W. 23
Simonides 52
Sokrates 32 f., 53
Sophokles 24, 40, 113
Thomas v. Aquin 22
Thomasius, Chr. 41
Ulpianus, D. 49
Wagner, A. 48

Sachregister

Altruismus 70
Anspruch 34, 39, 43 f., 61, 68 f., 73, 78, 80, 103, 107
Anspruchstheorie 68
Anthropologie 27, 43, 62, 69, 74
Anwendungsbedingung 11, 15, 26 f., 58, 65
Billigkeit 15, 48, 58 f., 110
Charakter 31, 39, 50
Egoismus 32, 70
Ehre 20, 23, 49 f., 52, 78, 86
Entscheidungstheorie 67
Fairneß 47, 49, 66–68, 105, 109, 112
Freiheit 32, 36, 37, 44, 61, 64 f., 67, 69, 70, 73, 74–77, 82, 94 f., 103
Frieden 96, 97–99
Gemeinwohl 25, 29, 38 f., 106, 120
Gerechtigkeit
  allgemeine ~ 22, 25, 30–33, 58
  anamnetische ~ 108 f.
  ausgleichende ~ 12, 23, 68, 89, 107
  Begriff der ~ 13, 22, 26–34, 59
  besondere ~ 23, 24, 25
  distributive ~ s. Verteilungs~
  globale ~ 96–112
  göttliche ~ 14 f., 16, 18, 33 f.
  institutionelle ~ 30
  intergenerationelle ~ 67, 77, 89–91, 108, 120 f.
  kommutative ~ s. Tausch~
  korrektive ~ s. ausgleichende ~
  objektive ~ 30
  ökonomische ~ 104
  ordnende ~ 23, 25
  personale ~ 16, 20 f., 30–33, 49 f., 54, 58 s. Rechtschaffenheit
  politische ~ 13, 16, 20 f., 25, 30 f., 34, 39–46, 54, 61–70, 94, 97, 100, 113, 118
  soziale ~ 17, 28–30, 84–94
  Straf~ 19, 39, 78–94
  Tausch~ 11, 23, 25, 68–70, 85–87, 89
  Verfahrens~ 11, 46–49, 54
  Verteilungs~ 23, 25, 68, 85, 105
Gerechtigkeitsgrundsätze 37, 46, 49–53, 53–58, 66 f., 97, 100, 108, 112, 115
Gesellschaftsvertrag 63–66
Gewalt 17, 19, 23, 25, 34, 35, 36, 54, 69, 73 f., 75, 82, 86, 95, 96, 98, 104, 106, 108 f., 112, 114, 120
Gewaltenteilung 27, 31 f., 37, 41, 59, 65, 97
Gleichheit 11, 19, 23, 27, 39, 59, 67 f., 72, 88
Grundrechte 12, 41, 70 f., 102, 114
Imperativentheorie 35 f.
Individuum 14, 21 f., 27, 29, 52 f., 75, 77, 89, 91, 94, 97, 100 f., 115
Knappheit 26–28, 64, 75, 88
Kommunitarismus 100
Kriminalität 35 f., 71, 79, 84, 98, 102, 104, 112
Liberalismus 26, 27, 31, 67, 68, 107
Medien 32, 82, 84
Menschenliebe 39, 91 f., 105
Menschenrechte 11, 39, 41, 52, 70–78, 82 f., 95, 97, 116, 117, 118
Metaphysik 20, 22
Moral 9, 13–15, 18–20, 26, 28–31, 34, 35, 38 f., 41 f., 44,

Moral 9, 13–15, 18–20, 26, 28–31, 34, 35, 38 f., 41 f., 44, 45 f., 51, 58, 65, 70 f., 83, 87, 99, 115, 116, 118
Nachtwächterstaat 85
Natur 25, 26, 27, 28, 40, 43–46, 67, 89, 108
Philosophenherrschaft 21 f., 61
Philosophie 20 f., 26, 31, 33, 35, 41, 42, 44, 61, 62, 74, 79, 84, 96, 100
Prävention 79, 81
Privatjustiz 18, 54, 56, 65, 79, 82, 117
Recht 9, 13, 15, 17 f., 20, 27, 30 f., 35 f., 37, 38, 41, 43, 46 f., 49 f, 56, 58, 60–65, 67, 71, 73, 78, 81, 102 f., 111, 112, 116
  göttliches ~ 40
  Natur~ 24, 25, 39–46
  positives ~ 15, 24, 25, 30 f., 34–36, 40, 41, 58, 71, 74 f., 114
Rechtfertigung 39, 45 f., 61, 67, 79, 82 f., 86, 97
Rechtschaffenheit 9, 13, 14 f., 18, 22, 30–32, 49, 50
Rechtsgrundsätze 48, 49–53, 63, 66
Rechtsmoral 29, 35, 46, 50, 58, 65, 70, 102, 105, 115, 116
Rechtsordnung 15, 18, 32, 38, 46, 61, 71, 82 f., 95 f., 108, 114
Rechtspflicht 29, 49–53, 105
  s. Rechtsmoral
Rechtspositivismus 34–36, 61, 63, 65
Rechtsprechung 15, 18, 57
Rechtssicherheit 49, 57
Rechtsstaat 31 f., 41, 46, 60, 67, 96, 99, 110, 114
Rechtsverletzung 11, 15, 17, 18, 51, 79–83, 114, 117

Religion 13, 14, 16, 20, 22, 33, 41, 44, 72–74, 76, 94, 101, 118
Resozialisation 79, 82
Richter 19, 24, 31 f., 48 f., 54–61, 79
Römisches Recht 91, 93
Säkularisierung 17, 20, 22
Seele 20 f., 52, 119
Sein-Sollens-Fehler 43, 46
Solidargemeinschaft 76 f., 87 f., 91
Solidarität 13, 14, 16, 30, 76–78, 87 f., 91 f.
Sozialstaat 17, 37, 68, 85, 86, 88, 104–106
Spieltheorie 67
Staat 14, 20, 27, 29, 30–32, 35, 36, 38, 41, 42–44, 46, 49, 52, 59–61, 61–66, 68–70, 71, 73, 75, 86, 96, 100, 103, 110, 114 f., 119
Staatsbürger 95 f., 101, 103
Staatsgewalt 41, 60, 70, 97, 101, 116–118
Staatsräson 80
Staatsschulden 90
Subsidiarität 47, 66 f., 71, 75, 86, 99 f., 102, 104, 107
Systemtheorie 35, 37 f.
Tausch s. Gerechtigkeit Tausch~
Tiere 27, 28, 92 f.
Toleranz 72, 94–96
Tugendpflicht 29
Umweltschutz 89 f.
Ungerechtigkeit 32–34, 36, 72, 79, 88, 90, 108, 113, 115
Utilitarismus 29, 35, 38 f., 81
Vergeltung 79–84
Weltstaat 97–100, 101, 104, 110
Zivilgesellschaft 66
Zwang 30, 36, 42, 61, 63, 72, 83, 94, 105

C.H.BECK ■ WISSEN
in der Beck'schen Reihe

Zuletzt erschienen:

- 2048: Honomichl, **Insekten**
- 2188: Schwentker, **Die Samurai**
- 2190: Pohl, **Geschichte Japans**
- 2193: Sautter, **Die 101 wichtigsten Personen der Weltgeschichte**
- 2194: Rothermund, **Geschichte Indiens**
- 2195: Hornung, **Das Tal der Könige**
- 2196: Schwaiger/Heim, **Orden und Klöster**
- 2197: Berger, **Paulus**
- 2198: Haarmann, **Geschichte der Schrift**
- 2199: Wuketits, **Was ist Soziobiologie?**
- 2207: Budde, **Schuberts Liederzyklen**
- 2300: Dittmann, **Der Spracherwerb des Kindes**
- 2301: Fuchs, **Die Parkinsonsche Krankheit**
- 2302: Patzek, **Homer und seine Zeit**
- 2303: Lang, **Himmel und Hölle**
- 2304: Witzel, **Das Alte Indien**
- 2305: Schlögl, **Das Alte Ägypten**
- 2306: van Ess, **Konfuzianismus**
- 2308: Pabst, **Die Athenische Demokratie**
- 2309: Heinen, **Geschichte des Hellenismus**
- 2310: Schneede, **Vincent van Gogh**
- 2311: Vorländer, **Demokratie**
- 2312: Berghahn, **Der Erste Weltkrieg**
- 2313: Schreiner, **Maria**
- 2314: Stöver, **Der Kalte Krieg**
- 2315: Kolb, **Gustav Stresemann**
- 2316: Reutter, **Voodoo**
- 2317: Hacker, **Menschen, Seuchen und Mikroben**
- 2319: Padberg, **Bonifatius**
- 2320: Osterhammel/Petersson, **Geschichte der Globalisierung**
- 2321: Gronke, **Geschichte Irans**
- 2322: Rothermund, **Mahatma Gandhi**
- 2323: Schorn-Schütte, **Königin Luise**
- 2326: Kratz, **Die Propheten Israels**
- 2327: Bohn, **Die Piraten**
- 2328: Cancik-Kirschbaum, **Die Assyrer**
- 2329: Schulz/Doering, **Klassik**